CW01456880

TOM COCKLE

PANZER-RGT./ABT.18 ON THE BATTLEFIELD

★ WORLD WAR TWO PHOTOBOOK SERIES ★

Kiadja / Published by
PeKo Publishing Kft.
8360 Keszthely, Bessenyei György utca 37., Hungary
Email: info@pekobooks.com
www.pekobooks.com

Felelős kiadó / Responsible publisher
Péter Kocsis

Írta / Author
Tom Cockle

A magyar szöveget szakmailag lektorálta
Számvéber Norbert

Tördelés, retus / Layout, retouch
nadam.hu

Printed in Hungary

Fotók / Photos
Kocsis Péter, The Archive of Modern Conflict (AMC), Oliver Loerscher

Kiadás éve / First published
2024

ISBN 978-615-6602-23-7
ISSN 2063-9503

KÖSZÖNETNYILVÁNÍTÁS

Őszintén szeretném újfent megköszönni Kocsis Péternek, a PeKo Publishing vezetőjének e könyv elkészítésének lehetőségét, illetve a rendelkezésemre bocsájtott nagymennyiségű új és ismeretlen fényképet, amelyek minden bizonnyal nagy örömet fognak okozni az Olvasóknak. Hálás vagyok feleségemnek, Lindának is a szeretetért és támogatásért, amelyet a makettezéssel töltött oly' sok éven át tanúsított felém.

Tom Cockle

ACKNOWLEDGEMENTS

I would sincerely like once again to thank Peko publisher Peter Kocsis for the opportunity of preparing this book and for providing the large selection of new and unusual photographs that I'm sure you will enjoy. I am also grateful to my wife Linda for her love and support over the many years I have been involved in my modeling hobby.

Tom Cockle

BEVEZETŐ

A 18. PÁNCÉLOSEZRED

Franciaország 1940. június 25-i bukását követően a német haderő megkezdte a felkészülést a Nagy-Britannia megszállását célzó „Seelöwe" („Oroszlánfóka") hadművelet végrehajtására. 1940 júliusára fogalmazták meg azokat az irányelveket, amelyek alapján 200 Pz.Kpfw. III és IV harckocsit akartak alkalmassá tenni vízfelszín alatti átkelésre (Unterwasserpanzerkampfwagen, rövidítve U.Pzkw.), illetve a német haditengerészettel együttműködve megkezdeni ezekkel a csapatpróbákat Putlosban. Az 1940 július elején Wilhelmshavenben végrehajtott sikeres próbákat követően Hitler elrendelte a vízfelszín alatti átkelésre alkalmassá tett Pz.Kpfw. III és IV páncélosok gyártásának azonnali megkezdését. A 200 búvárharckocsi (Tauchpanzer) gyártásáról szóló szerződést az Alkett írhatta alá. Ez részleteiben a következőképp oszlott meg: négy Pz.Bef.Wg. III Ausf. E (parancsnoki változat), 148 Pz.Kpfw. III Ausf. F és Ausf. G és 48 Pz.Kpfw. IV Ausf. D. A cégnek ezen felül további 52, pontonokkal felszerelhető Pz.Kpfw. II (S)-t is le kellett gyártani.

1940. július 23-án négy búvárpáncélos-osztályt (Tauch-Panzer-Abteilung A, B, C és D) állítottak fel az 1., a 2., a 3., az 5. és a 9. páncéloshadosztály állományából kijelölt személyzetekkel. Ezek egyenként (az 1940. július 16-i keltezésű K.St.N.1107b utasítás alapján) egy törzsből és három könnyűpáncélos-századból, valamint az őket támogató, ellátó és kiszolgáló alegységekből álltak. A törzs egy parancsnoki Pz.Bef. Wg. III (T) és két csatár Pz.Kpfw. III (T) harckocsival rendelkezett. A könnyűpáncélos-századokat a következőképp szerelték fel:

- Kp.Trupp (századparancsnoki osztag) – 2 Pz.Kpfw. III (T) és 4 Pz.Kpfw. II (S)
- 1. szakasz – 5 Pz.Kpfw. III (T)
- 2. szakasz – 5 Pz.Kpfw. III (T)
- 3. szakasz – 4 Pz.Kpfw. III (T)

Miután az inváziót 1940-ben elhalasztották, a járműveket leraktározták.

A négy búvárpáncélos-osztályt 1940. december 1-6. között átnevezték és betagolták a 18., illetve a 28. páncélosezredbe, azok 1. páncélosdandáraként. Az A és B páncélososztályok a 18. páncélosezred I. és II. páncélososztályai, a C és D páncélososztályok a 28. páncélosezred I., II. páncélososztályai lettek. Az 1. páncélosdandárt 1941. január 9-én átnevezték 18. páncélosdandárra, 1941. március 18-án pedig a 28/II. páncélososztályt átvezényelték a 18. páncélosezredhez, mint annak III. páncélososztályát. A hadosztály parancsnoka 1940. október 25-től 1942. január 25-ig Walther Nehring vezérőrnagy volt. A seregtestet a Szovjetunió lerohanását célzó „Barbarossa" hadművelet idejére a Heinz Guderian vezérezredes parancsnoksága alatt álló 2. páncéloscsoport (Panzer-Gruppe 2) kötelékében harcoló XXXXVII. (1942-től páncélos-) hadtest alárendeltségében vetették be, állományában hat Pz.Kpfw. I, 50 Pz.Kpfw. II, 99 Pz.Kpfw. III (3,7 cm), 15 Pz.Kpfw. III (5 cm) 36 Pz.Kpfw. IV és 12 Pz.Bef.Wg. harckocsival.

100. (F) LÁNGSZÓRÓ PÁNCÉLOSOSZTÁLY

1939. január 21-én utasítást adtak a Pz.Kpfw. II Ausf. D és öt Ausf. E alvázán kialakítandó lángszóró harckocsi kifejlesztésére. Az alvázak legyártására a M.A.N., a felépítmények elkészítésére a Wegman nyerte el a szerződést. A járműre egy kisméretű, rögzített tornyot szerkesztettek, amelyen a frontpáncél közepén alakítottak ki helyet egy Kugelblende 30 típusú gömbpajzs részére. Ebbe a pajzsba szerelték be a másodlagos fegyverzetet képező MG 34 géppuskát. A jobb és bal sárvédőre két, egymástól független, távirányátású tornyot szereltek, ezekbe kerültek a lángszórók fejei. Az első, még vasból készült kísérleti példány 1939 júliusában készült el, az első sorozatgyártott jármű pedig 1940 januárjában gördült le a szerelősorról. A lángszóró-tornyokat jobbra és balra is 180 fokban lehetett elfordítani, a lángvetőket felfelé 20, lefelé 10 fokban lehetett kitéríteni. A tornyok mögött mindkét sárvédőre egy-egy 160 literes tartályt helyeztek, amelyek egyenként 80, nagyjából 35 méteres távolságra végrehajtott 2-3 másodperces tűzcsapást táplálhattak. Az első páncélozott lángszóró alakulatot 1940. március 1-én állították fel Wünsdorfban, hadrendi elnevezése 100. lángszóró páncélososztály [Panzer-Abteilung (F) 100] lett. A második csapattestet, a 101. lángszóró páncélososztályt 1940. május 4-én hozták létre. A 100. lángszóró páncélososztályt 1940 nyarán az Északi-tenger partjára szállították, hogy megkezdje a felkészülést a „Seelöwe" hadműveletre. Az invázió elhalasztását követően az alakulat 1940 októbere és 1941 márciusa között a belgiumi Ostende és a hollandiai Terneuzen között fekvő térségben állomásozott.

A lángszórós páncélososztályok egyenként egy (1941. február 1. keltezésű K.St.N. 1179 alapján szervezett) osztálytörzsből és három (1941. február 1. keltezésű K.St.N. 1177 alapján szervezett) páncélosszázadból álltak. Az osztálytörzs állományába két Pz.Kpfw. II, illetve tartalékként hat Pz.Kpfw. II (F) tartozott. A lángszóró páncélosszázadok az alábbi szervezettel rendelkeztek:

- századparancsnoki osztag – kettő Pz.Kpfw. II
- 3 lángszóró szakasz – négy-négy Pz.Kpfw. II(F)
- 1 fegyveres szakasz – kettő Pz.Kpfw. II

A 100. lángszóró páncélososztályt állományában 24 Pz.Kpfw. II, 42 Pz.Kpfw. II (F), öt Pz.Kpfw. III és egy parancsnoki páncélossal a „Barbarossa" hadművelet kezdetére a 18. páncéloshadosztály alárendeltségébe utalták.

HARCI TAPASZTALATOK

A 18. páncéloshadosztály, illetve a 100. lángszórós páncélososztály tevékenységéről kevés információ áll a rendelkezésünkre a „Barbarossa" hadművelet kezdetét követő időszakból. Tudjuk, hogy a 18. páncéloshadosztály a 100. lángszórós páncélososztállyal együtt 1941. június 22-én a lengyelországi Legi közelében átkelt a Bug folyón, majd harcba bocsátkozott az ellenséggel Szlonim környékén és három nappal később részt vett Baranovicsi elfoglalásában. A két alakulat Minszk felé nyomult előre, egy újabb parancs értelmében azonban meg kellett kerülniük a várost északról és támadást kellett intézniük a Boriszovot biztosító állások ellen. Ezt követően 1941. július 1-jén lerohanták Boriszovot és a Berezina folyón átívelő hidat, miközben számos harckocsit és két páncélvonatot semmisítettek meg. Miután elhárították a szovjet 1. „Moszkva" gépkocsizó hadosztály több erőteljes támadását, másnap egy ellentámadással sikeresen kibővítették a hídfőt.

A 2. páncéloscsoport (Panzer-Gruppe 2) folytatta az előrenyomulást Szmolenszk felé. A XXXXVII. hadtest 1941. július 10-11-én Kopjisz közelében hídfőt alakított ki a Dnyepr folyón és Orsa felé nyomult. A német csapatok 1941. július 17-én bekerítették Mogiljevet és folytatták az előrenyomulást. A várost 1941. augusztus 5-ére tudták elfoglalni. Guderiant ekkor utasították, hogy csapataival forduljon déli irányba és támogassa a Dél Hadseregcsoport kötelékeit Kijev bekerítésében. A 2. páncéloscsoport – alárendeltségében a XXIV. és a XXXXVII. hadtestekkel – 1941. augusztus 25-én váltott irányt Konotop felé. Guderian erői 1941. szeptember 14-én Locsvitcánál vették fel a kapcsolatot Von Kleist 1. páncéloscsoportjával és ezzel sikeresen lezárták a bekerítést.

A 2. páncéloscsoport – immáron 2. páncéloshadseregként – 1941. szeptember 30-án Moszkvától délnyugatra készülődött a szovjet főváros ellen tervezett „Tájfun" hadművelet végrehajtására. A támadást Orjol és Tula irányában indították meg. Orjolt 1941. október 3-án, Brjanszkot október 6-án foglalták el a német csapatok, Tulát azonban nem sikerült birtokba venni, a várost csak átkarolták a támadók. A súlyos veszteségeket szenvedett 100. lángszórós páncélososztályt 1941. november 5-én kivonták az arcvonalból, hogy alegységeit pihentessék és feltöltsék. Az alakulat a lángszóró Pz.Kpfw. II (F) harckocsikon kívül minden páncélosát átadta a 18. páncéloshadosztálynak és visszatért Németországba. A csapattestet 100/I. páncélososztály hadrendi számmal 1941. december 22-én hagyományos harckocsizó alakulattá szervezték, majd 1942. februárjában átkeresztelték „Großdeutschland" páncélososztályra és visszaküldték a Szovjetunióba a nyári támadó hadművelet végrehajtására.

Mindeközben a szovjet ellencsapások 1941. november 25-én Moszkvától mintegy 130 km-re délre megállították Guderian 2. páncéloshadseregét. A német hadsereg az összeomlás szélén egyensúlyozva tartott ki a Rzsev és Vjazma elleni szovjet támadásokkal szemben. A 18. páncéloshadosztály a 2. páncéloshadsereg decemberben bekerített néhány gyalogos alegységét 1942. január 16-án sikeresen felmentette, majd ettől kezdve 1942 végéig csak korlátozott tevékenységet folytatott Orjol körzetében. Ezen időszak alatt a hadosztály több átszervezést is megélt. A 18/III. páncélososztály 1942. április 5-én átadta két könnyű- és egy közepes páncélosszázadát a 3. (gépkocsizó) gyaloghadosztálynak, hogy azokból alakítsák meg az utóbbi saját szervezetszerű 103. páncélososztályát. A 18/II. páncélososztályt 1942. május 15-én átnevezték 18. páncélososztállyá, majd június 15-én a 18/I. páncélososztályból felállították a 60. (gépkocsizó) gyaloghadosztály három századból álló 160. páncélososztályát.

Az előző év katasztrofális kudarcai után a német haderő megkezdte az 1943 nyári támadó hadművelet tervezését. A szovjet Vörös Hadsereg által Kurszk városa körül tartott terület hatalmas kiszögellést képezett az arcvonalban. Az arcvonalszakasz vonala mintegy 400 km hosszúságú ívet képezett, az alapja azonban csak mintegy 110 km szélességet tett ki. Ez mind a német, mind a szovjet erők figyelmét felkeltette. Hitler 1943. március közepén döntött a „Citadella" hadművelet végrehajtásáról – a német csapatoknak egy két irányból (északról és délről) végrehajtott támadással el kellett vágnia és csapdába kellett ejtenie a kurszki térségben rekedt szovjet hadseregeket. A támadó ékeket északon a Walter Model vezérezredes parancsnoksága alatt álló 9. hadseregnek és a Heinrich Clössner gyalogsági tábornok irányítása alatt álló 2. páncéloshadseregnek, délen pedig a Hermann Hoth vezérezredes parancsnoksága alatt álló 4. páncéloshadseregnek, illetve a Werner Kempf páncélostábornok vezette „Kempf" hadműveleti csoportnak kellett képeznie. A 18. páncéloshadosztályt a hadművelet idejére a Walter Model tábornok 9. hadseregének kötelékébe tartozó XXXI. páncéloshadtestnek rendelték alá, amely Josef Harpe altábornagy parancsnoksága alatt állt. Az alakulat ekkor öt Pz.Kpfw. II, tíz Pz.Kpfw. III (3,7 cm), 20 Pz.Kpfw. III (7,5 cm), két Pz.Kpfw. IV (7,5 cm-es rövidcsövű), 36 Pz.Kpfw. IV (7,5 cm-es hosszúcsövű) és három parancsnoki páncélossal rendelkezett. A támadás 1943. július 5-én kezdődött. A szovjetek a tavaszi időszak nyugalmát kihasználva erőteljes védelmet építettek ki a katlanban, amely megakadályozta, hogy a németek komolyabb területnyereséget érjenek el a hadművelet első napjaiban. A 9. hadsereg súlyos veszteségeket szenvedett, miközben megpróbálta elfoglalni a jelentős mértékben megerődített vasútállomást Ponyirinál, és egyheti heves harcokat követően is csak alig 20 km-t tudott előrenyomulni. A 9. hadseregnek harcolva kellett visszavonulnia a szovjet ellentámadások súlya alatt. A 18. páncéloshadosztály 1943 októberében gyakorlatilag megsemmisült Vityebszknél, így feloszlatták. A seregtest maradványaiból 1943. október 19-én Litvániában felállították a 18. tüzérhadosztályt.

Tom Cockle

INTRODUCTION

PANZER-REGIMENT 18

Following the fall of France on 25 June 1940, the German Army began preparations for Operation 'Seelöwe', the invasion of Great Britain. In July 1940, plans were formulated to convert 200 Pz.Kpfw.III and IV into Unterwasserpanzerkampfwagen (U.Pzkw.) and to schedule troop trials with the cooperation of the Kriegsmarine at Putlos. Successful trials were conducted at Wilhelmshaven in early July 1940 and Hitler ordered the immediate production of submersible Pz.Kpfw.III and IV to begin. The firm Alkett was awarded a contract to produce 200 Tauch Panzers which included four Pz.Bef.Wg.III Ausf.E, 148 Pz.Kpfw.III Ausf.F and G and 48 Pz.Kpfw. IV Ausf.D plus another 52 Pz.Kpfw.II mit Schwimmer.

Starting on 23 July 1940, four Tauch-Panzer-Abteilung named A, B, C and D were formed with cadres taken from 1., 2., 3., 5. and 9.Panzer-Division. Each consisted of a Stab (headquarters) organized in accordance with K.St.N.1107b dated 16 July 1940 and three leichte Panzer-Kompanie b organized in accordance with K.St.N.1171b dated 16 July 1940, plus supply and service units.

Each Stab was equipped with one Pz.Bef.Wg.III (T) and two Pz.Kpfw.III (T)

Each leichter Panzer-Kompanie b was equipped as follows:

- Kp.Trupp – 2 Pz.Kpfw.III (T) plus 4 Pz.Kpfw.II (S)
- 1.Zug – 5 Pz.Kpfw.III (T)
- 2.Zug. – 5 Pz.Kpfw.III (T)
- 3.Zug. – 4 Pz.Kpfw.IV (T)

After the invasion was cancelled for 1940, all the vehicles were ordered to be placed into storage.

From 1-6 December 1940, the four Unterwasser-Panzer-Abteilung were renamed and consolidated under Pz.Brig.1 in Pz-Rgt.18 and in Pz.Rgt.28. Pz.Abt.A was renamed I./Pz.Rgt.18 and Pz.Abt.B as II./Pz.Rgt.18 while Pz.Abt.C and D became I. and II./Pz.Rgt.28 respectively.

On 9 January 1941, Pz.Brig.1 was renamed Pz.Brig.18 and on 1 March 1941, II./ Pz.Rgt.28 was reassigned to Pz.Rgt.18 as III./Pz.Rgt.18. Generalmajor Walther Nehring commanded the division from 25 October 1940 until 25 January 1942. They were assigned to XLVII.Panzer-Korps under Panzer-Gruppe 2 commanded by Generaloberst Heinz Guderian for Operation 'Barbarossa', the invasion of the Soviet Union, with six Pz.Kpfw.I, 50 Pz.Kpfw.II, 99 Pz.Kpfw.III (3.7cm), 15 Pz.Kpfw. III (5cm), 36 Pz.Kpfw.IV and 12 Pz.Bef.Wg.

PANZER-ABTEILUNG (F) 100

On 21 January 1939, orders were issued for the development of a series of Flammpanzers on the chassis of the Pz.Kpfw.II Ausf.D and five on the Ausf.E chassis. MAN was awarded a contract for the chassis and Wegman for the superstructures. A small fixed turret was installed with a centrally located Kugelblende 30 for an MG34 as the secondary armament and two independent remote control rotating turrets were installed on the left and right fenders, each with a spray head for a flame thrower. The first trial vehicle was manufactured in mild steel in July 1939 and in January 1940, the first production vehicle rolled off the assembly line. The flame thrower turret could rotate through 180 degrees to the left and right as well as elevate plus 20 degrees and depress minus 10 degrees. A 160 liter flame oil tank on each fender behind the turrets provided enough flame oil for 80 bursts of 2-3 seconds each with a range of approximately 35 meters. The first armored flame thrower battalion was created on 1 March 1940 at Wünsdorf and called Panzer-Abteilung (F) 100 with the second battalion, Panzer-Abteilung (F) 101, being formed on 4 May 1940. During the summer of 1940, Pz.Abt. (F) 100 was moved to the North Sea coast in preparation for Operation 'Seelöwe'. After the cancellation of the invasion, they were stationed in the area between Ostende in Belgium and Terneuzen in the Netherlands from October 1940 to March 1941.

Each Panzer-Abteilung (F) consisted of a Staffel Pz.Abt. (F) organized in accordance with K.St.N.1179 dated 1 February 1941 and three Panzer-Kompanie (F), organized in accordance with K.St.N.1177 dated 1 February 1941.

Each Staffel Pz.Abt. (F) was equipped with two Pz.Kpfw.II and six Pz.Kpfw.II (F) as reserve. Each Panzer-Kompanie (F) was equipped as follows:

- Kp.Trupp – 2 Pz.Kpfw.II
- Three Flammzügen – 4 Pz.Kpfw.II (F) each
- One Waffenzug – 5 Pz.Kpfw.II

Pz.Abt. (F) 100, with a strength of 24 Pz.Kpfw.II, 42 Pz.Kpfw.II (F), five Pz.Kpfw.III and one Pz.Bef.Wg., was attached to 18.Panzer-Division for the start of Operation 'Barbarossa'.

COMBAT EXPERIENCE

There is very little written information available on either 18.Panzer-Division or Panzer-Abteilung (F) 100 after the beginning of Operation 'Barbarossa'. We know that on 22 June 1941, 18.Panzer-Division with Pz.Abt. (F) 100 crossed the Bug River near the town of Legí in Poland. They were engaged in battle around Slonim and helped capture Baranovichi three days later. They advanced towards Minsk but were ordered to bypass on the north of the city and attack the positions leading to Borisov. Afterwards, they stormed Borisov on 1 July 1941 and the bridge over the Berezina River destroying numerous tanks and two armored trains. Strong Russian attacks by the 1st Moscow Motorized Division were repulsed and the bridgehead was expanded by counterattack the next day.

Panzer-Gruppe 2 continued their advance toward Smolensk with XXXXVII.Panzer-Korps establishing a bridgehead across the Dnepr River near Kopys on 10-11 July 1941 and headed for Orsha. Mogilev was encircled on 17 July 1941 and the advance continued. By 5 August 1941, the city was captured. At this point, Guderian was instructed to turn south to support Heeresgruppe Süd in its attempt to encircle Kiev. Panzer-Gruppe 2 with XXIV. and XXXXVII.Panzer-Korps changed direction on 25 August 1941 toward Konotop. On 14 September 1941, Guderian's forces met up with von Kleist's Panzer-Gruppe 1 at Lochvitsa, successfully closing the pocket.

On 30 September 1941, Panzer-Gruppe 2, reconstituted as 2.Panzer-Armee, was south-west of Moscow preparing for the launch of Operation 'Typhoon', the attack on Moscow. The attack was launched in the direction of Orel and Tula. Orel was captured on 3 October 1941 and Bryansk on 6 October but they had failed to capture Tula, which was bypassed.
On 5 November 1941 , after suffering heavy losses, Pz.Abt. (F) 100 was pulled out of the front lines for rest and refitting. They turned over their serviceable tanks, other than the Pz.Kpfw.II (F), to 18.Panzer-Division and returned to Germany. On 22 December 1941, they were converted to a normal tank battalion as I.Abt./Pz.Rgt. 100. In February 1942 they were renamed Panzer-Abteilung 'Großdeutschland' and returned to Russia for the summer offensive.

Meanwhile, on 25 November 1941, Soviet counterattacks brought Guderian's 2.Panzer-Armee to a halt 80 miles south of Moscow. On the verge of collapse, the German Army held out against the Russian onslaught at Rzhev and Vyasma. Some infantry units from 2.Panzer-Armee, surrounded at Suschinitschi in December, were relieved by 18.Panzer-Division on 16 January 1942. From then until the end of 1942, the division took part in limited actions in the Orel area. During this time the division experienced some changes to their organization. On 5 April 1942, III./Pz.Rgt.18 gave up two l.Kp. and one m.Kp. to form Panzer-Abteilung 103 for the 3.Infanterie-Division (mot). On 15 May 1942, II./Pz.Rgt.18 was renamed to Pz.Abt.18 and on 15 June, I./Pz.Rgt.18 was renamed to Panzer-Abteilung 160 with three Kp. for 60.Infanterie-Division (mot).

After the disastrous setbacks in the previous year, the German Army was planning its summer offensives for 1943. The Soviet Army held a huge salient centered on the city of Kursk. The front line was about 250 miles long but the base of the salient was only 70 miles wide. It attracted the attention of the both the German and Russian armies. By the middle of March 1943, Hitler decided to launch Operation 'Citadel', a two pronged attack from the north and south designed to pinch off the salient and capture the Russian armies in the Kursk bulge. The spearheads would be 9.Armee under Generaloberst Walter Model and 2.Panzer-Armee under General der Infanterie Heinrich Clössner in the north and 4.Panzer-Armee under Generaloberst Hermann Hoth and Armee-Abteilung 'Kempf' under General der Panzertruppe Werner Kempf in the south.

For the operation, 18.Panzer-Division was assigned to XXXI.Panzer-Korps commanded by Generalleutnant Josef Harpe, under General Walter Model's 9.Armee. Their panzer strength for the battle was five Pz.Kpfw.II, ten Pz.Kpfw.III (3.7cm), 20 Pz.Kpfw.III (7.5cm), two Pz.Kpfw.IV (7.5cm kurz), 36 Pz.Kpfw.IV (7.5cm lang) and three Pz.Bef.Wg.

The attack began on the morning of 5 July 1943. The Soviets had used the lull in the spring to build up powerful defenses in the bulge, which prevented the German attacks from gaining much ground in the opening days. The 9.Armee suffered severe losses trying to take the heavily fortified railway station at Ponyri and after a week of fighting, had only advanced about 12 miles. Faced with Soviet counterattacks, 9.Armee conducted a fighting withdrawal.

In October 1943, 18.Panzer-Division was virtually annihilated at Vitebsk and disbanded. The remnants were reformed as 18.Artillerie-Division on 19 October 1943 in Lithuania.

Tom Cockle

Péter Kocsis Collection

Egy új Pz.Kpfw. III (3,7 cm) (T) Ausf. F vagy G 1941. május 20-án, Milowitz közelében a Szovjetunió elleni invázióra történő kiképzés közben. A torony oldalán, a fehér „923"-as harcászati azonosítószám előtt látható a hadosztály jelzése, egy három vízszintes sávval áthúzott sárga „Y". A toronyszám alapján a jármű a III. páncélososztályhoz tartozó 9. század II. szakaszának 3. kocsija.

A new Pz.Kpfw.III (3.7cm) (T) Ausf.F or G photographed near Milowitz on 20 May 1941 training for the upcoming invasion of the Soviet Union. The tactical emblem for the division, a yellow ochre 'Y' with three horizontal lines through the tail, can be seen painted on the side of the turret ahead of the white tactical number '923' indicating it is the third vehicle in the 2.Zug (platoon) of the 9.Kompanie (company) of the III.Abteilung (battalion).

Péter Kocsis Collection

A „631"-es harcászati azonosítószámú Pz.Kpfw. IV (T) Ausf. D személyzete rövid pihenőt tart a jármű mellett, közvetlenül a Szovjetunió ellen 1941. június 22-én megindított „Barbarossa" hadművelet kezdete előtt. A torony frontpáncélzatára rögzített keretre egy gumírozott, vízhatlan vászonponyvát erősítettek csavarokkal. A torony és a páncéltest között egy felfújható gumiszalag biztosította a szigetelést, a páncéltestre pedig egy íves kiegészítő lemezt szerelek, hogy biztosítsák a torony folyamatos szigetelését. A hadosztály jelzését egy sötétebb színnel festették fel a toronyra.

The crew of Pz.Kpfw.IV (T) Ausf.D '631' takes a break beside their vehicle prior to Operation 'Barbarossa', the invasion of the Soviet Union on 22 June 1941. A waterproof rubberized canvas membrane was bolted onto the flange seen around the front of the turret. A rubberized inflatable strip sealed the bottom of the turret to the hull and a semi-circular extension was added to maintain the seal. The tactical emblem can be seen painted on the turret in a darker color.

AMC

Egy másik Pz.Kpfw. IV (T) Ausf. D, amelyen jól látható a homlokgéppuska köré illeszthető vízhatlan ponyva rögzítésére szolgáló hegesztett gyűrű, illetve a motor hűtőrácsát záró, jelen esetben a sárvédőre lehajtott vízzáró ajtó. Mivel a torony nem a jármű középvonalában lett elhelyezve, erre az oldalra nem erősítettek olyan íves kiegészítő lemezt, mint a bal oldalra. Figyeljük meg az álló katona jobb lába alatt látható csavarozott lemezt, amely a légbeömlő nyílást zárta le, és a függőleges tartót a sárvédőn, amely a rugalmas légcső rögzítésére szolgált!

Another Pz.Kpfw.IV (T) Ausf.D showing the ring welded around the hull MG to attach a waterproof membrane to as well as the open watertight doors for the engine ventilation grilles resting on the fender. This side did not have the semicircular hull roof extension, as the turret is not centered on the hull. Note the riveted plate sealing the air duct opening just below the crewman's right foot and the upright bracket on the fender that supported the flexible air supply hose for the submersion trials.

Péter Kocsis Collection

A 28/II. páncélososztály hadrendi megnevezését 1941. márciusban 18/III. páncélososztályra változtatták. A képen az alakulat járművei láthatók a Cseh-Morva Protektorátus egyik városának utcáján, közvetlenül a „Barbarossa" hadműveletet megelőzően. A kamerához legközelebb két Pz.Kpfw. III (T) Ausf. G látható, előttük számozás szerinti sorrendben több Pz.Kpfw. IV (T) Ausf. D sorakozik. A 18. páncéloshadosztály jelzése közvetlenül a parancsnoki kupola alatt látható, mellette, a torony hátulján pedig a 28. páncélosezred ördöghalat mintázó jelzése figyelhető meg.

In March 1941, II./Pz.Rgt.28 was renamed to III./Pz.Rgt.18 and here we see them on a city street in Protectorate of Bohemia and Moravia prior to Operation 'Barbarossa'. Closest to the camera are two Pz.Kpfw. III (T) Ausf.G with several Pz.Kpfw.IV (T) Ausf.D ahead of them lined up by number. The tactical emblem for 18.Panzer-Division is painted just below the cupola and the unit emblem of Pz.Rgt.28, an anglerfish in a shield, is painted on the turret rear.

Péter Kocsis Collection

Egy gyönyörű, éles fénykép egy vadonatúj Pz.Kpfw. IV (T) Ausf. D-ről, amelyen tisztán kivehetők a meghajtókerék részletei és a tartalék futógörgő egyszerű rögzítése a sárvédőn. A makettezők számára érdekes lehet a varrat a gumírozáson. A párhuzamosított géppuskáról hiányzik a lángrejtő.

A nice clear view of a new Pz.Kpfw.IV (T) Ausf.D showing the fine details on the drive sprocket and simple attachment of a spare road wheel on the fender. Modelers should note the presence of the mold seam on the rubber tire. The flash suppressor is missing from the coaxial MG.

Péter Kocsis Collection

A 2. páncélosszázad három Pz.Kpfw. IV (T) Ausf. D harckocsija robog el néhány civil mellett egy macskaköves úton. A legközelebbi jármű hátlemezén jól látható a toronyforgató motor kipufogójának egyirányú szelepe (a bal oldalon), és a kipufogó egyirányú szelepeinek csavarozott fedőlemezei. A torony aljára erősített gumitömítést a jobb oldali közelharcnyíláson kivezetett, acélcsővel védett csövön keresztül lehetett felfújni.

Three Pz.Kpfw.IV (T) Ausf.D from 2.Kompanie roll along a cobbled road past several civilians. On the nearest vehicle, we can see the one-way valve on the turret traverse exhaust pipe on the left and the bolt flanges for the one-way valves for the engine exhaust pipes. A rubber seal was fitted around the base of the turret and was inflated through a pipe that ran down from the right rear pistol port. A steel pipe protected it as it ran down the back of the turret.

AMC

A 100. lángszóró páncélososztályt a „Barbarossa" hadművelet idejére a 18. páncéloshadsztály alárendeltségébe utalták. Ekkor az alakulat 42 Pz.Kpfw. II (F), illetve további 24 Pz.Kpfw. II, öt Pz.Kpfw. III és egy parancsnoki páncélossal rendelkezett. A képen a „313"-as toronyszámú Pz.Kpfw. II (F) Ausf. A hajt rá egy kompra 1941 júniusában. Ezt a változatot a 11 küllős meghajtókerekéről felismerhető Pz.Kpfw. II Ausf. D1 alvázára építették.

Pz.Abt. (F) 100 was attached to 18.Panzer-Division for Operation 'Barbarossa' and was equipped with 42 Pz.Kpfw.II (F) in addition to 24 Pz.Kpfw.II, 5 Pz.Kpfw.III and 1 Pz.Bef.Wg. Here we see a Pz.Kpfw.II (F) Ausf.A '313' driving onto a pontoon ferry in June 1941. It was built on the chassis of the Pz.Kpfw.II Ausf.D1 identifiable by its 11-spoke drive sprocket.

AMC

Négy Pz.Kpfw. II (F) Ausf. A és legalább egy Pz.Kpfw. II kel át egy hadihídon a „Barbarossa" hadművelet alatt egy folyón. A sárvédőkön látható szögletes konténerek egyenként 160 liter gyúlékony anyagot tartalmaztak. A harcjármű első kísérleti példányát 1939. júliusban építették, a két első sorozatpéldány pedig 1940 januárjában készült el. A Pz.Kpfw. II (F) harckocsikat a 100. és 101. lángszóró páncélososztályok állományába utalták, amelyeket az Anglia ellen tervezett „Seelöwe" hadműveletre készítettek fel.

Four Pz.Kpfw.II (F) Ausf.A and at least one Pz.Kpfw.II are crossing a river on a pontoon ferry during Operation 'Barbarossa'. The boxlike containers on each fender contained 160 liters of flame oil. The first trial vehicle was built in July 1939 and the first two production vehicles appeared in January 1940. The Pz.Kpfw.II (F) was issued to Pz.Abt. (F) 100 and 101 and took part in training landings for Operation 'Seelöwe', the planned invasion of England.

Péter Kocsis Collection

A 100. lángszóró páncélososztály 3. századának IV. szakaszához kiutalt egyik Pz.Kpfw. II. A képen egy Ausf. B vagy C változat látható, amelyeknek már módosították a frontpáncélzatát és parancsnoki kupolára cserélték a torony kétszárnyú búvónyílását. A páncéltest deformálódásának megelőzése végett a két láncfeszítő kerék közé egy megerősítő fémrudat rögzítettek.

One of the Pz.Kpfw II also issued to Pz.Abt. (F) 100 and assigned to the 4.Zug of the 3.Kompanie. This is a Pz.Kpfw.II Ausf.B or C that has been modified by bolting extra armor to the front and replacing the two-piece hatch with a cupola. To strengthen the armor from automotive stresses, a reinforcing rod was added to the rear of the hull between the idler mounts.

Péter Kocsis Collection

Egy, a külső motorindító nyílást záró lemez és a korai gyártású parancsnoki kupola alapján Pz.Kpfw. III (T) Ausf. G-ként beazonosítható páncélos halad az előző képen is látható úton a Luftwaffe katonáinak figyelő tekintete előtt. A két legközelebbi jármű egy-egy, egyenként 200 liternyi üzemanyagot szállító utánfutót vontat – ez gyakran felbukkan az alakulat harcjárműveiről készült fényképeken. A mellettük elhaladó személygépkocsi egy Opel Kadett Special kabrió-limuzin.

A Pz.Kpfw.III (T) Ausf.G, identifiable by the top hinged engine crank access port and the early cupola, travels down the same road casually watched by several Luftwaffe personnel. The nearest two vehicles are each towing a trailer with two 200 liter fuel drums, which are commonly seen in photos of this unit. The staff car passing by is an Opel Kadett Spezial Cabrio-Limousine.

Péter Kocsis Collection

Az 9. páncélosszázad üzemanyag-utánfutót vontató „912"-es toronyszámú Pz.Kpfw. IV (T) Ausf. D harckocsija az előző képen is látható úton. A torony hátsó tároló dobozán jól látható az alakulat jelzése, egy koponya a keresztezett csontokkal egy pajzsban. Ez valószínűleg a torony oldalának elejére is felkerült, a 18. páncélosezred harcászati jelzése mellé, amelyet a fehér azonosítószámok fölé festettek. A tároló doboz oldalaira és hátuljára egy fehér szegélyű színes kört is felfestettek, ám ennek sem a pontos színét, sem a jelentését nem ismerjük.

A Pz.Kpfw.IV (T) Ausf.D '912' from 9.Kompanie towing a fuel trailer on the same road displays the unit's skull and crossbones emblem in a shield on the rear of the turret stowage bin. It is likely on the front side of the turret as well, along with the tactical emblem of Pz.Rgt.18 over the white tactical number. A colored circle with a white outline is also painted on the rear and sides of the turret bin, the significance or color of which is unknown.

Péter Kocsis Collection

Három Pz.Kpfw. III (T) Ausf. G halad át ugyanazon a helyszínen. A legközelebbi páncéloson már a feljavított parancsnoki kupola van. Mindhárom jármű felépítményének hátuljára tartalék futógörgőket rögzítettek, amelyek közül a bal oldalon lévőkre egy-egy fémlemezt erősítettek és arra festették fel a hasábkeresztet. A középső páncélos 200 literes üzemanyaghordókat szállít a motorházfedelén, miközben az oszlop megközelíti a hadművelet megindulási terepszakaszát.

Three Pz.Kpfw.III (T) Ausf.G pass by the same spot. The closest vehicle to the camera has been fitted with the improved commander's cupola. All three have spare road wheels attached to the rear of the upper hull featuring a metal cover plate on the left side with a Balkenkreuz painted on it. The center vehicle is carrying two 200-liter barrels of fuel on the engine deck as they proceed to their jumping off spot for the invasion.

Péter Kocsis Collection

A „633"-as harcászati azonosítószámú Pz.Kpfw. III (T) Ausf. F – amelyet a vezető korai kinézőnyílása alapján lehet beazonosítani – az előző harckocsioszlop nyomában. A bal sárvédőn látható a légcső, amelyet vízfelszín alatti átkeléskor a torony tetején kialakított jelzőnyílásba illesztettek, hogy levegővel lássa el a küzdőteret. A lehetséges folyamátkelésre készülve a torony elejére fel van erősítve a gumírozott vászonponyva. Ez a páncélos is üzemanyagtartályt szállító utánfutót vontat.

A Pz.Kpfw.III (3.7cm) (T) Ausf.F '633' identifiable by its early driver's visor, follows along in the procession of vehicles. The snorkel that was attached to the signal port on the turret roof to provide air to the vehicle while driving submerged can be seen stowed on the left fender. It has the rubberized canvas waterproof seal attached to the front of the turret in preparation for crossing a river and is also towing a fuel trailer.

Péter Kocsis Collection

A 100. lángszóró páncélososztály „233”-as toronyszámú Pz.Kpfw. II (F) Ausf. A harckocsijára tíz 20 literes üzemanyagkannát, tartalék futógörgőket és egy, a sáros talajon való mozgást megkönnyítő fagerendát málháztak fel. A jármű mindkét oldalára felszerelték az egyenként 160 liternyi lángszóróolajat tartalmazó tárolókat. A „Guderian” páncéloscsoportra utaló fehér „G” betűt és a 18. páncéloshadosztály sárga jelzését a ködgránátvetők páncélozott védőlemezére festették fel.

This Pz.Kpfw.II (F) Ausf.A ‘233’ from Pz.Abt. (F) 100 is carrying ten 20 liter jerry cans on the engine deck along with a spare road wheel, spare tracks and wooden beam to aid in extracting the vehicle in muddy conditions. The 160 liter flame oil containers were carried on both sides of the vehicle. The armored guard for the Nebelkerzenabwurfvorrichtung (smoke grenade rack) has the letter ‘G’ for Panzergruppe ‘Guderian’ painted in white along with the tactical sign for 18.Panzer-Division painted in yellow beside it.

Péter Kocsis Collection

A 100. lángszóró páncélososztály egyik, az előző képen látható földúton pihenőt tartó Pz.Kpfw. II Ausf. B és három Pz.Kpfw. II (F) Ausf. A páncélosa a Luftwaffe egyik törzsőrmesterének társaságában. A Pz.Kpfw. II-ek teknőjének és tornyának elejét 1940-ben kiegészítő páncélzattal látták el. 1941-ben a parancsnok korábbi, kétfelé nyíló zárófedelét kupolára cserélték, illetve egy nagyméretű tároló dobozt rögzítettek a jobb sárvédőre. Figyeljük meg, hogy a lánctalpakat fordítva helyezték fel a járműre!

A Pz.Kpfw.II Ausf.B and three Pz.Kpfw.II (F) Ausf.A from Pz.Abt. (F) 100 have stopped along the same road for a break and attracted the attention of a Luftwaffe Oberfeldwebel. The Panzer II was backfitted with additional armor on the front of the hull and turret in 1940. A new cupola replaced the two-piece hatch and a large stowage bin was added to the right fender in 1941. Note that the tracks have been installed backwards.

Péter Kocsis Collection

Az előző Pz.Kpfw. II Ausf. B egy kicsit más szemszögből fotózva. Ezúttal már jól látható, hogy az oszlopban haladó törzsbeli gépkocsi egy Mercedes-Benz 170V kabrió, a tehergépkocsi pedig egy 3 tonnás Henschel typ 33.

Another view of the previous Pz.Kpfw.II Ausf.B from a slightly different vantage point. We can now see that the staff car is a Mercedes-Benz 170 V cabriolet and the transport is a Henschel typ 33 3t lorry.

Péter Kocsis Collection

Ennek a Pz.Kpfw. II Ausf. B-nek a toronytetőlemezére egy nem szabványos géppuskaállványt szereltek egy MG 34 géppuskával. A jármű további jellegzetessége a kiegészítő páncélzat a teknő és a torony elején, az új parancsnoki kupola és a tároló doboz a jobb sárvédőn. A „345"-ös harcászati azonosítószámot egy viszonylag tompább színnel, valószínűleg sárgával festették fel.

This Pz.Kpfw.II Ausf.B is fitted with a non-standard mount for an MG34 on the turret roof. Other features are the additional armor plates on the front of the hull and turret, the new cupola and stowage bin on the right fender. The tactical number '345' appears to have been painted in a subdued color, perhaps yellow ochre.

Péter Kocsis Collection

Úgy tűnik, a Pz.Kpfw. II (F) Ausf. A-k egyikét a váltómű problémája miatt félrevonták az útról, hogy megjavítsák. Az antennára fűzött zászló jelezte, hogy a járműnek javításra van szüksége. A karbantartó osztag egyik katonája már felnyitotta a fedőlemezt, és szerszámos ládája is elérhető közelségben van, hogy nekilásson a probléma elhárításának. A szerelők közül ketten az ilyen munkák során gyakran használt sötét szerelőruhát viselik.

One of the Pz.Kpfw.II (F) Ausf.A appears to have experienced a transmission problem and has pulled off to the side of the road for repairs. A flag has been attached to the antenna to indicate the vehicle is in need of repairs. One of the men from the Instandsetzungsgruppe has the access hatch open with his toolbox behind him to fix the problem. Two of the maintenance men are wearing the unbleached denim fatigue uniform that was used extensively for work details.

Még egy fénykép a lerobbant Pz.Kpfw. II (F) Ausf. A-ról, ezúttal az oszlop másik végéről fotózva. A jobb oldalon látható Henschel typ 33 teherautó hátulján jól látható az alakulat pajzsba festett koponyája a keresztcsontokkal. Az alig kivehető, sárga hadosztályjelzés a páncélosokat jelölő rombusz és a mellé festett, III. páncélososztályt jelölő római „III" felett látható.

Another view of the broken down Pz.Kpfw.II (F) Ausf.A looking from back down the road. Another Henschel typ 33 lorry can be seen on the right displaying the unit's skull and cross bones emblem in a shield. A faintly visible tactical emblem painted in yellow ochre can be seen immediately above the white panzer rhomboid with the Roman numeral 'III' beside it indicating it was attached to 3.Abteilung.

Péter Kocsis Collection

A Pz.Kpfw. II (F) Ausf. A-nak rögzített tornya volt, amelynek frontpáncéljába egy MG 34 géppuskát helyeztek el Kügelblende 30 típusú gömbpajzsban, a két, szögben rögzített frontpáncélra pedig egy-egy Fahrersehklappe 30 típusú zárható páncélozott kinézőnyílást illesztettek. Az itt védőponyvával takart két lángszórófej a jármű két oldalára szerelt, egyenként 160 liter lángszóróolajat tartalmazó tartályból szivattyúzott anyag felhasználásával körülbelül nyolcvan 2-3 másodperces tűzcsapás leadására volt képes. A jármű személyzetét az MG 34 géppuskát és a lángszórókat kezelő parancsnok, egy vezető és egy rádiós alkotta.

The Pz.Kpfw.II (F) Ausf.A had a fixed turret with a Fahrersehklappe 30 on each of its angled front faces and an MG34 mounted in a Kugelblende 30 on the front. The two Flammenwerfer spray heads, seen here with a protective cover in place, were capable of delivering about 80 streams of 2-3 seconds fed from two 160 liter flame oil tanks carried on each side. The crew consisted of a vehicle commander, who also operated the MG34 and was the flamethrower operator, a driver and a radio operator.

Számos különböző jelzést fedezhetünk fel a 100. lángszóró páncélososztály Pz.Kpfw. II Ausf. B harckocsiján. A torony oldalán a „331"-es harcászati azonosítószámot valószínűleg ugyanúgy sárgával festették fel, mint az alakulatnak a torony oldalán és hátulján is látható saját jelzését, a Wolfsangelt, és a 18. páncéloshadosztály frissen felkerült jelzését illetve a páncélosok harcászati jelzését. A két fehér hasábkereszt szintén újnak tűnik. Figyeljük meg a páncélos hátuljára külön erre a célra felszerelt tartókon rögzített gerendát!

This Pz.Kpfw.II Ausf.B from Pz.Abt. (F) 100 displays a variety of markings. The tactical number '331' on the sides of the turret is likely painted in yellow ochre as is the unit's own emblem, a vertical Wolfsangel, painted on the sides and rear of the turret, the newly painted tactical emblem of 18.Panzer-Division and a panzer rhomboid. Both white outline Balkenkreuz also look newly painted. Note the large wooden beam carried in specially made brackets on the rear.

Péter Kocsis Collection

Ennek az apró Simca 5 személygépkocsinak jól látható az ajtaján a 18. páncéloshadosztály jelzése, a „Guderian" páncéloscsoport fehér „G" jelzése a jobb sárvédőjén és a páncélosok fehér rombusza, illetve a szintén fehér „WH" jelzés a bal sárvédőjén. A Simca-t Franciaországban gyártották olasz licenc alapján, ahol Fiat Topolino-ként volt ismert. A kocsi mögött egy Borgward typ 3t GW teherautó látható a Wehrmacht szabványosított, nyitott vezetőfülkéjével.

This diminutive Simca 5 displays the 18.Panzer-Division emblem on its door as well as the white letter 'G' for Panzergruppe 'Guderian' on the right fender and a white panzer rhomboid with the letters 'WH' beside it on the left fender. The Simca was manufactured in France under license from Fiat in Italy where it was known as the Fiat Topolino. Behind it is a Borgward typ 3t GW transport lorry with the Wehrmacht open standard driver's cab.

Úgy tűnik, ezt a Pz.Kpfw. II (F) Ausf. A páncélost egy Sd.Kfz. 9 féllánctalpas vontatja, miközben maga a harckocsi is vontat egy, a képen nem látható járművet. A 18. páncéloshadosztály sárga alakulatjelzését a „Guderian" páncéloscsoport fehér „G" betűjével együtt a füstgránátvető páncélozott burkolatára festették. A harckocsin jelentős mennyiségű felszerelés látható, a legérdekesebb talán a motorkerékpár, aminek láthatóan hiányzik a hátsó kereke.

This Pz.Kpfw.II (F) Ausf.A appears to be under tow by the Sd.Kfz.9 half-track in front of it while it is also towing another vehicle out of view. The tactical emblem for 18.Panzer-Division is painted in yellow ochre on the armored cover protecting the Nebelkerzenabwurfvorrichtung along with the white letter 'G' for Panzergruppe 'Guderian'. There is a substantial amount of stowage on the vehicle and of special interest is the motorcycle that appears to be missing its rear wheel.

AMC

Ezen a fényképen egyértelműen, tisztán láthatók a Pz.Kpfw. II (F) Ausf. A hátsó részének a részletei. Figyeljük meg a vízszintes kipufogóra erősített hálót a füstgránátvetők alatt! Az utóbbira festették fel fehér színnel a páncélos harcászati jelzést és egy 1-t, illetve a hasábkeresztet is. Az antenna az általánosan használt 2 méteres változattól eltérően a rövidebb, 1,4 méteres verziónak tűnik.

This photo provides a clear, uncluttered view of the rear details of the Pz.Kpfw. II (F) Ausf.A. Note the mesh screen installed over the long horizontal muffler below the Nebelkerzenabwurfvorrichtung, which has a white panzer rhomboid followed by a '1' painted on it along with a white outline Balkenkreuz. The antenna appears to be a shorter 1.4m long one instead of the more common 2m long antenna.

A 100. lángszóró páncélososztálynak kilenc zsákmányolt brit Cruiser Mk. IV (A13 Mk. II) harckocsit is kiutaltak, ezek német megnevezése Pz.A13(e) vagy MK IV 744(e) volt. A „144"-es harcászati azonosítószámot valószínűleg sárgával, a hasábkeresztet fehérrel festették fel. A harckocsi hátuljára egy fémlemezt erősítettek, amire a 18. páncéloshadosztály sárga jelzését és a „Guderian" páncéloscsoport fehér „G" betűjét festették.

Pz.Abt. (F) 100 was also issued with nine captured British Cruiser Mk.IV (A13 Mk.II) tanks renamed alternately Pz.A13(e) or MK IV 744(e) in German service. The tactical number '144' appears to be painted in yellow ochre and the Balkenkreuz in white. A metal plate has been added to the rear on which the tactical emblem of 18.Panzer-Division has been painted in yellow ochre along with the white letter 'G' for Panzergruppe 'Guderian'.

Két német gyalogos pózol egy fénykép kedvéért a 3. század egyik Pz.Kpfw. II (F) Ausf. A harckocsiján. A képen tisztán és jól látszik a két lángvető csőtorkolata. A lángvetőket jobbra és balra is 180-180 fokban lehetett kitéríteni, és nagyjából 35 méteres hatósugaruk volt. A jármű hátuljára mindkét oldalra három ködgránátvetőt szereltek. A torony és a páncéltest frontpáncélzata 30 mm vastag volt.

Two German infantrymen pose for a photo on a Pz.Kpfw.II (F) Ausf.A from 3.Kompanie. The nozzles of the flame guns, which could be traversed through 180 degrees left and right and could project a stream of flame oil out to about 35m, can be seen more clearly here. Three smoke dischargers were installed on each side near the rear of the vehicle as well. Armor for the turret and front of the hull was 30mm thick.

A 100. lángszóró páncélososztálynak kiutalt kilenc zsákmányolt brit Cruiser Mk. IV harckocsi egyike. Noha a jelzéseket vastag porréteg fedi, a számok valószínűleg sárgák, a hasábkereszt pedig fehér színű. A jármű eredeti, angol fegyverzete egy 40 mm-es Ordnance QF 2 fontos lövegből és egy párhuzamosított .303-as vízhűtéses Vickers géppuskából állt. A németeknek kellő mennyiségű lőszert is kellett, hogy zsákmányoljanak, ha azt akarták, hogy a harcjárművek megfelelő harcértékkel rendelkezzenek. Figyeljük meg a torony frontpáncélzatára erősített szerencsepatkót!

Another one of the nine captured British Cruiser Mk.IV's assigned to Pz.Abt. (F) 100. The markings all appear subdued by a coating of dust although the numbers are likely yellow ochre and the Balkenkreuz in white. They carried a 40mm Ordnance QF 2-pounder main gun with a coaxial .303 water-cooled Vickers machine gun while in British service. The Germans also must have captured enough ammunition for them to be of any value in combat. Note the 'lucky' horseshoe attached to the front of the turret.

Pz.Kpfw. II-ekből, három Pz.Kpfw. II (F) Ausf. A-ból és egy zsákmányolt brit Cruiser Mk. IV harckocsiból álló oszlop egy mezőn más járművek társaságában a Szovjetunió elleni invázió idején, 1941-ben. Noha egyértelműen nem lehet megállapítani, a legközelebbi Pz.Kpfw. II-en mintha a „331"-es harcászati azonosítószám szerepelne, ami arra utal, hogy a járművek a 3. századhoz tartoznak. Figyeljük meg a lövegekre és a párhuzamosított géppuskák csövére húzott világos színű védőhuzatokat!

A column consisting of Pz.Kpfw.II's, three Pz.Kpfw.II (F) Ausf.A and a captured British Cruiser Mk.IV wait in a field with other vehicles during the advance into the Soviet Union in 1941. Though not very clear, the tactical number on the closest Pz.Kpfw.II appears to be '331' indicating they are with 3.Kompanie. Note the light colored dust covers on the muzzles of the main guns and coaxial machine guns.

Péter Kocsis Collection

Az 1. század több Pz.Kpfw. III (T) harckocsija gyülekezik egy mezőn előrenyomulás közben. A kamerához legközelebb álló páncélos az előrébb helyezett első visszafutó-görgő alapján egy Pz.Kpfw. III (3,7 cm) (T) Ausf. G. Ezt a változtatást 1941. július-augusztusától vezették be, mivel a lánctalp folyamatosan nekicsapódott a lengéscsillapító tetejének. A torony első emelőkampójára egy ismeretlen rendeltetésű tartót is felerősítettek. A háttérben egy 3,7 cm-es FlaK 36 légvédelmi gépágyúval felszerelt Sd.Kfz. 6/2 féllánctalpas látható.

Here, several Pz.Kpfw.III (T) from 1.Kompanie gather in a field during the advance. The closest one to the camera is a Pz.Kpfw.III (3.7cm) (T) Ausf.G with the front return roller moved forward, a modification made in July/August 1941 to address a problem with the tracks hitting the top of the shock absorber. It also has a bracket of unidentified use attached to the turret front lifting hook on both sides. In the background there is an Sd.Kfz.6/2 self-propelled anti-aircraft gun mounting a 3.7cm FlaK36.

Péter Kocsis Collection

Egy másik Pz.Kpfw. III (3,7 cm) (T) Ausf. G új parancsnoki kupolával, de még az eredeti visszafutó-görgő elrendezéssel. A fénykép beállításának köszönhetően jobb rálátást kapunk a felépítmény szélére erősített, íves kiegészítő lemezre és a torony oldalára erősített, ismeretlen rendeltetésű tartószerkezetre. Figyeljük meg a homlokpáncélzat közepére rögzített vízhatlan Bosch fényszórót és a motortér oldalán elhelyezett szellőzőrács felnyitott, vízálló zárólemezét!

Another Pz.Kpfw.III (3.7cm) (T) Ausf.G featuring the new cupola but retaining the original return roller spacing. The angle of the photo gives a clearer view of the semi-circular plate attached to the top of the hull and the unidentified bracket attached to the side of the turret. Also note the addition of the centrally located waterproof Bosch headlight mounted on the glacis and the raised watertight cover on the ventilation grille on the side of the engine deck.

Ezen a Pz.Kpfw. IV (T) Ausf. D-ről készült fényképen jól láthatóak a fékek szerelőnyílásai mögött azok a leszorító karok, amelyek a zárófedeleket rögzítették szorosan a helyükre mélyvízi átkelés során. Figyeljük meg, hogy mind a lövegpajzs, mind a homlokgéppuska vízhatlan ponyváinak rögzítő csavarjai a helyükön vannak! A némelyik katona által viselt nagykabát alapján a fénykép még 1941 elején készülhetett kiképzés közben.

This photo of a Pz.Kpfw.IV (T) Ausf.D provides a good view of the clamps that were mounted behind the brake access hatches to hold them tightly in place while fording in deep water. Note that all the fastening bolts for the waterproof covers for the front of the turret and hull MG are in place. The greatcoats worn by some of the men possibly indicates the photo was taken earlier in 1941 during training.

Péter Kocsis Collection

Péter Kocsis Collection

Egy kissé megviselt Pz.Kpfw. IV (T) Ausf. D javítás közben. A torony két első kinézőnyílásánál találatok láthatók, az egyik minden bizonnyal át is ütötte a páncélzatot. A vezető kinézőnyílásának hiányzik a felső része. Jól látható a vízhatlan Bosch fényszóró, és valamivel mögötte a tartalék futógörgő tartója, illetve az üzemanyagkanna tárolója is. Noha a járműnek nem látszik a harcászati azonosítószáma, e két utóbbi jellegzetes kiegészítő alapján a páncélos a 3. század állományába tartozott.

A somewhat battle scarred Pz.Kpfw.IV (T) Ausf.D undergoing repairs. You can see shot damage to the front of the turret at both visors, one of which looks like it penetrated the turret, and the top part of the driver's visor is missing. The waterproof Bosch headlight can be seen on the fender and farther along, a mount for a spare road wheel and a strap to hold a jerry can. Although the tactical number can't be seen, the last two features mentioned indicate it belonged to 3.Kompanie.

Péter Kocsis Collection

Mindkét Pz.Kpfw. IV (T) Ausf. D tornyára és homlokgéppuskájára felszerelték a gumírozott vízhatlan vászon tömítőket, illetve a vezető kinézőnyílásának vízhatlan takarólemezét is. A kezelőszemélyzet egyik tagja csavarkulccsal rögzíti az antennaterelőt. Figyeljük meg a fékek szerelőnyílásait szorosan rögzítő karokat! A bal oszlop élén egy Pz.Bef.Wg. III Ausf. H, mögötte pedig egy Pz.Bef.Wg. III Ausf. E harckocsi látható, amelyet a torony homlokpáncélzatát szigetelő ponyva rögzítésére szolgáló kerettel tettek alkalmassá a vízfelszín alatti átkelésre.

The two Pz.Kpfw.IV (T) Ausf.D on the right both have the rubberized canvas waterproof membranes installed on the front of the turret and hull MG and the waterproof cover on the driver's visor. One of the crewmen is tightening the bolt for the antenna deflector with a wrench. On the left in front, is a standard Pz.Bef.Wg.III Ausf.H and behind it is a Pz.Bef.Wg.III Ausf.E converted to a Tauchpanzer with the addition of the bolt flange for the turret waterproof cover. Note the brake access hatch clamps tightened in place.

Péter Kocsis Collection

Néhány kissrác érdeklődve nézi egy orosz parasztház mellett, ahogy egy Pz.Kpfw. III (T) Ausf. F-et ráállítanak a karbantartó-század Sd.Ah. 116 harckocsiszállító mélyrakodó utánfutójára. A 18. páncéloshadosztály jelzése mellett látható a fehér „612"-es toronyszám, a hasábkeresztet pedig a tartalék futógörgőbe illesztett fémlapra festették fel. Az Sd.Kfz. 9 féllánctalpas vontatón hasonló jelzések láthatók, mint az egyik korábban látott példányon.

A Pz.Kpfw.III (T) Ausf.F, identifiable by the bottom hinged crank starter port flap, is being loaded onto the maintenance company's Sd.Ah.116 tank transport trailer next to a Russian farmhouse watched with interest by some children. The tactical number '612' is painted in white next to the unit emblem for 18.Panzer-Division and a narrow white outline Balkenkreuz is painted on the circular metal plate inside the spare road wheel. The Sd.Kfz.9 half-track in front is similarly marked to one seen in a previous photo.

Péter Kocsis Collection

Ez a Pz.Kpfw. III (T) Ausf. G önerőből hajt fel egy Sd.Ah. 116 mélyrakodó utánfutóra. A lövegpajzson és a homlokgéppuskán látható vízhatlan ponyva alapján a harckocsi nemrégiben átkelt egy folyón. Figyeljük meg a sárvédőn elhelyezett méretre szabott deszkákat, amelyek a laza, puha talajú folyópartokon segíthetik a jármű megkapaszkodását!

This Pz.Kpfw.III (T) Ausf.G is being guided onto an Sd.Ah.116 tank transport trailer under its own power. The waterproof cover on the mantlet and hull MG are still in place indicating it has recently had to cross a river. Note the sawn wood planks stowed on the fender used to provide firm footing on soft riverbanks.

Közeli felvétel egy Pz.Kpfw. IV (T) Ausf. D tornyának hátuljába csapódó találat nyomáról. A harckocsi páncélvédettsége itt 30 mm volt. A „922"-es harcászati azonosítószám kivitelezése közel sem olyan tökéletes, mint amilyennek messzebbről tűnhet. A középső 2-es alatt kivehető a 18. páncéloshadosztály jelzésének a felső része. Figyeljük meg a közelharcnyílás sík felületű zárólemezét, amely a Pz.Kpfw. IV Ausf. D jellegzetessége volt!

A close-up view of a shell penetration on the turret rear of a Pz.Kpfw.IV (T) Ausf.D. The armor at this point is 30mm thick. Notice the manner in which the tactical number '922' has been painted, it's not as perfect as it looks from a distance. The top of the tactical emblem for 18.Panzer-Division can just be seen below the center '2'. Note the flat pistol port plug typical for the Pz.Kpfw.IV Ausf.D.

Péter Kocsis Collection

Ennek az Sd.Kfz. 8 12 tonnás közepes vontatónak a hátulján jól látható a 18. páncéloshad-osztály jelzése, a „Guderian" páncéloscsoport „G" betűje, illetve a páncélosok rombusz alakú harcászati jelzése kiegészítve egy fehér „W"-vel és a III. páncélososztályra utaló római III-sal. Az Sd.Kfz. 8 vontatót a futógörgőkről lehet a leggyorsabban beazonosítani, amelyek nyolc-nyolc tortaszelet alakú lyukkal készültek. A jármű hátuljának szélére festett fehér sávok a jobb láthatóságot szolgálták az éjszakai menetek során.

A mittlerer Zugkraftwagen 12t Sd.Kfz.8 medium half-track with the unit emblem for 18.Panzer-Division painted on the back along with the letter 'G' for Panzergruppe 'Guderian', a panzer rhomboid with the letter 'W' beside it and Roman numeral III indicating it was attached to 3.Abteilung. For quick identification purposes, the Sd.Kfz.8 had a pattern of eight pie shaped holes in the road wheels. The white lines painted on the back were to make it more visible to following vehicles at night.

A sárvédő szélének elejére, közepére és hátuljára erősített rögzítők alapján egy Pz.Kpfw. II Ausf. b vagy C-ből átalakított régi változatú úszóképes páncélos látható a képen. A 18. páncélosezred 39 ilyen harckocsival rendelkezett, amelyek mindegyikét úgy alakították át, hogy mindkét oldalukra egy-egy pontonelemet lehetett rögzíteni a folyamátkeléshez. Figyeljük meg a meghajtókerék átalakítását és a pontonok távtartóit a visszafutógörgőkön, illetve a láncfeszítőkerék előtt!

The three brackets on the front, center and rear of the fenders identify this as a Pz.Kpfw.II Ausf.B or C converted to a Schwimm-Pz.Kpfw.II alter Ausführung. Pz.Rgt.18 was equipped with 39 of these vehicles, each modified to attach flotation chambers on each side for water crossings. Note the modifications to the drive sprocket hub and the additional supports at each return roller and just ahead of the rear idler for the floats.

Péter Kocsis Collection

Három német katona vizsgálja egy régi változatú, úszóképessé alakított Pz.Kpfw. II Ausf. A vagy B roncsát. Az alváltozatot a torony hátsó kinézőnyílásán látható három kúpos csavar alapján lehet beazonosítani. Ezen a képen valamivel jobban kivehető a ponton rögzítőeleme a sárvédő szélének közepén. A 18. páncéloshadosztály jelzése is felfedezhető a fejreállt torony oldalán. Figyeljük meg jobb oldalon a földön heverő szerszámosládát!

Three German soldiers inspect the wreckage of a Pz.Kpfw.II Ausf. A or B converted to a Schwimm-Pz.Kpfw.II alter Ausführung. The center support bracket for the flotation chambers can more clearly be seen in this photo. The three conical bolt heads on the rear turret visor provide the clue to its identification. The unit emblem for 18.Panzer-Division can be seen painted on the upturned turret side. Note the open toolbox laying on the ground at the right.

Péter Kocsis Collection

A „1132"-es toronyszámú Pz.Kpfw. III (T) Ausf. G javítása farönkökből és gerendákból összeállított daru segítségével. Jól láthatók a vízhatlan ajtó belső részletei a rögzítőkkel. A ventilátorszíj fedlapját eltávolították, hogy meg tudják lazítani a szíjakat, s azt követően kiszereljék a ventilátort és a hűtőt. Szintén megfigyelhetjük a torony oldalára erősített acélszíjakat is.

Pz.Kpfw.III (T) Ausf.G '1132' undergoing repairs using a gantry crane jury rigged from logs and timbers. The inside face of the right side watertight door can be clearly seen showing the stiffeners. The cover plate for the fan belt access has been removed so the belts could be loosened in order to remove the fan and radiator. The steel straps fastened to the side of the turret can be seen as well.

Péter Kocsis Collection

A „1132”-es Pz.Kpfw. III (T) Ausf. G egy másik szemszögből fényképezve két másik, karbantartás alatt álló Tauchpanzer III-sal és egy úszóképes Pz.Kpfw.II harckocsival. Jól látható a külső indítónyílásának felfelé nyíló fedőlemeze. Csodálatra méltó a karbantartók találékonysága, ahogy munkájukkal igyekeztek folyamatosan bevethető állapotban tartani a harcjárműveket.

Another view of Pz.Kpfw.III (T) Ausf.G '1132' along with two other Tauchpanzer III and a Schwimm-Pz.Kpfw.II undergoing maintenance. In this view we can see the top hinged cover on the crank starter port. One has to admire the ingenuity of the maintenance men tasked in keeping the panzers operational.

Péter Kocsis Collection

Motorcsere a „1133"-as toronyszámú Pz.Kpfw. III (T) Ausf. G-n egy mobildaru segítségével. Az íves kipufogócsöveket és a tartalék futógörgő tartóit leszerelték. Jól látható a Pz.Kpfw. III Ausf. G-k és H-k külső indítónyílásának felfelé nyíló zárófedele. Figyeljük meg az igencsak elhasznált vontatókábelt! Ugyanez a jármű látható oldalról a PeKo Publishing „Panzer III on the battlefield 2" című könyvének borítóján.

Pz.Kpfw.III (T) Ausf.G '1133' undergoing an engine replacement using a portable gantry crane. The curved exhaust pipes have been removed along with the spare road wheel mounts. Also visible is the top hinged engine crank port flap seen on Panzer III Ausf.G and Ausf.H. Note the badly frayed condition of the tow cable. A side view of this vehicle is on the cover of 'Panzer III on the Battlefield 2' by Peko Publishing.

Péter Kocsis Collection

A „1132”-es motortere, a vontatókábel hiányából ítélve már az új motor beszerelését követően. A sárvédő tartóját szintén leszerelték, így annak az előrébb lévő szakasza az emelő és a tűzoltókészülék súlya miatt ráfekszik a lánctalpra. Felettébb munkaigényes feladat lehet, hiszen legalább hét katonát látunk a képen.

Photo 043. A view into the engine bay of ‘1133’ after the new engine has been installed, judging by the absence of the tow cable. The fender support has also been removed resulting in the forward section dropping down onto the tracks under the weight of the jack and fire extinguisher. It must be a fairly labor intensive task as there are at least seven men visible in the photo.

Péter Kocsis Collection

A valószínűleg „621"-es toronyszámú Pz.Kpfw. III (T) Ausf. F teknőjének felső részére a páncélzathoz hegesztett csavarokkal és egy fémszalaggal, illetve a fék hűtőjének öntött burkolatához csavarozva tartalék 38 cm-es lánctagokat rögzítettek, akárcsak az alsó frontpáncélzatra. A páncélos mindkét vontatókábele csatlakoztatva van a bekötőpontokra, hogy azonnal kéznél legyenek, ha a szükség úgy hozza.

This Pz.Kpfw.III (T) Ausf.F, possibly number '621', has had additional runs of spare 38cm tracks attached to the upper hull being held in place with bolts welded to the armor plates and with nuts and steel straps. Track hanger straps have also been welded to the lower hull and bolted to the cast brake cooling ports on the forward glacis plate. Both tow cables are attached to the front tow brackets for ready use when needed.

Péter Kocsis Collection

Ugyanannak a századnak valószínűleg a „623"-as toronyszámú Pz.Kpfw. III (T) Ausf. F páncélosa egy orosz település szélén. A tartalék lánctagokat ugyanolyan módon rögzítették, mint az előző képen látható harckocsin. Figyeljük meg, hogy a vontatókábelek végét egyszerűen csak összefonták önmagukkal és hiányzik róluk a német kábelekre jellemző fémcső, amely egyben tartotta a kábelt!

A Pz.Kpfw.III (T) Ausf.F, possible '623' from the same company on the outskirts of a Russian town displaying the same method of carrying additional track links as the one in the previous photo. Note how the tow cable ends are woven together in a simple eye splice without the ferrule normally found on German tank tow cables.

Egy Pz.Kpfw. III (T) Ausf. F egy templom mellett parkol, a háttérben néhány szovjet hadifogolyлyal. Ezen a fényképen szépen látszik a tartalék lánctagok rögzítése, amely hasonló, mint az előző képen látható páncéloson. A lánctagokról lógó szerkezetet a lánctalp összecsapolásánál használták. A V-alakú eszköz két szárát beleakasztották a meghajtókerékre illesztett lánctalp utolsó szemébe, majd a V aljába illesztett feszítővassal felemelték a lánctalp alsó szárát és az így összefogott lánctagok furatába beillesztették a csapszeget.

A Pz.Kpfw.III (T) Ausf.F parked next to a church with a number of Soviet POW's in the background. The photo provides a nice clear view of the manner in which the spare tracks were attached to the upper hull, similar to those in a previous photo. The two devices hanging from the spare tracks were used to join the tracks together over the drive sprocket. They hooked into the upper track link and a pry bar in the bottom of the 'V' pulled the links together so a track pin could be inserted.

Péter Kocsis Collection

A „613"-as harcászati azonosítószámú Pz.Kpfw. III (T) Ausf. F leszakadt lánctalppal vesztegel egy orosz tanya mellett, miközben parasztasszonyok gyülekeznek mellette, hogy dolgozni induljanak. A harckocsizók megpróbálták néhány levágott faággal álcázni a páncélost, amely igencsak könnyen felfedezhető volt a nyílt terepen. A korábban látottaktól eltérően ezen a járművön két csavarral rögzítették a tartalék futógörgőt. Figyeljük meg a háttérben álló páncélosok számára előkészített üzemanyagkannákat!

Pz.Kpfw.III (T) Ausf.F '613' sits idly with a broken track in a Russian farmyard while peasant women gather nearby before heading out to the fields. The crew has added a bit of cut foliage to the tank in an effort to help camouflage it's shape, which would be easily seen over the open fields. The spare road wheel on this vehicle is being held on with two bolts instead of one as previously seen. Note the jerry cans filled with fuel for the tanks in the foreground.

Péter Kocsis Collection

Járművek kilométeres oszlopai vonulnak mindkét irányba, ahogy a német csapatok egyre mélyebben nyomulnak a Szovjetunió belseje felé. A bal oldalon egy, a vezető kinézőnyílása alapján beazonosítható Pz.Kpfw. III (3,7 cm) (T) Ausf. G látható. A jármű elejére rögzített tartalék lánctalpak arra utalnak, hogy a páncéos a 6. század állományába tartozott. A parancsnoki kupolán ülő katona lábai között egy Scherenfernrohr S.F.14.Z.Gi ollótávcső fekszik, amelyet Carl Zeiss optikus fejlesztett ki, és alapvetően a tüzéralakulatok használták.

Columns of German vehicles stretch for miles in both directions as they advance further into the Soviet Union. On the left is a Pz.Kpfw.III (3.7cm) (T) Ausf.G identifiable by the driver's visor. The spare tracks added to the front of the vehicle suggest it probably belongs to 6.Kompanie. The object between the crewman's feet on the turret roof is a Scherenfernrohr S.F.14.Z.Gi., a scissors telescope invented by Carl Zeiss optics in 1894 and normally used by artillery units.

Péter Kocsis Collection

Ezen a kivételesen jó közeli képen számos érdekességet figyelhetünk meg egy Pz.Kpfw. IV (T) Ausf. D oldalán. A bal oldali, még az Ausf. D-kre jellemző kerékagyfedővel szerelt futógörgőről hiányzik a gumírozás, a másikon ugyanakkor már az új, az Ausf. E változaton alkalmazott fedél látható. Figyeljük meg az üzemanyagkanna tartójának szerkezetét! Szintén jól látható a lövegcső tisztítórúdjának fényes, fémből készült vége és a csőtisztító kefe bőrből készült védőhuzata.

An exceptionally good close up view of the side of a Pz.Kpfw.IV (T) Ausf.D showing some very interesting details. The road wheel on the left has shed its rubber tires and has the Ausf.A-D hubcap whereas the one on the right has the new style hubcap introduced on the Pz.Kpfw.IV Ausf.E. Note how the jerry can holder has been constructed. We also have a clear view of the shiny alloy gun cleaning rod ends and the leather bag around the bore cleaning brush.

Oliver Loerscher Collection

Ezt a Pz.Kpfw. II Ausf. B vagy C-t Karacsevben fényképezték le 1941 nyarán. A harckocsit új parancsnoki kupolával, és a torony elejére, illetve a páncélteknőre erősített 20 mm-es, valamint a páncéltest elejére rögzített 15 mm-es kiegészítő páncélzattal látták el. A 18. páncéloshadosztály sárga jelzését a tárolódoboz elején látható, a „Guderian" páncéloscsoportot jelző fehér G betű mellé festették fel. Valószínűleg az „F02" harcászati azonosító is sárga színű.

This Pz.Kpfw.II Ausf.B or C was photographed in Karatschew in the summer of 1941. It has been backfitted with the new commander's cupola and additional 20mm armor plates on the front of the turret, the upper and lower hull and a 15mm plate on the glacis. The tactical sign for 18.Panzer-Division can be seen painted on the front of the added stowage bin in yellow ochre beside the white 'G' for Panzergruppe 'Guderian. The tactical number 'F02' is likely painted in yellow ochre as well.

A Pz.Kpfw. IV Ausf. D-t ugyanazzal a Maybach HL 120 TRM erőforrással látták el, mint a Pz.Kpfw. III Ausf. F páncélosokat. A motor 265 lóerőt biztosított a 24 tonnás jármű számára. Itt épp egy hengerfejet cserélnek vagy szerelnek le egy mobil csörlődaru segítségével. A páncélos farpáncéljára és bal oldalára rögzített tartalék futógörgők, illetve a farpáncélról hiányzó pót lánctagok alapján valószínűleg a 7. század egyik járműve látható a képen.

The Pz.Kpfw.IV Ausf.D was equipped with the same Maybach HL 120 TRM engine as the Pz.Kpfw.III Ausf.F producing 265 HP to drive the 24 ton vehicle. Here a portable jib crane is being used to either remove or replace the head on one bank of cylinders. The spare road wheel on the rear and left side of the hull and lack of spare tracks or a bracket for them on the rear of hull perhaps indicates this is a 7.Kompanie vehicle.

Péter Kocsis Collection

Újabb fénykép a „612”-es Pz.Kpfw. IV (T) Ausf. F-ről, amint egy orosz településen halad át. A katonák nagykabátja és a jármű hátuljára rakódott sár arra utal, hogy a fénykép hideg, nyirkos időben készült. A hűtőrács vízzáró fedele felnyitott állapotban az emelőre van hajtva. A jobb szélen látható jelzés a rohanó nyúllal és „Bäck.Komp.” felirattal minden bizonnyal egy pékszázadra utal.

Another photo of Pz.Kpfw.III (T) Ausf.F ‘612’ seen passing through a Russian city. The weather appears to be cool and wet judging by the greatcoat being worn and the mud buildup on the back of the vehicle. The watertight cover over the ventilation grille is sitting open and is resting on the jack. The sign in the background with the running rabbit on it appears to be pointing the direction to Bäck. Komp., probably meaning the bakery company.

Péter Kocsis Collection

A „633”-as és „611”-es Pz.Kpfw. III (T) Ausf. F durva építésű gerendaházak mellett halad el, ahogy az alakulat átnyomul egy orosz falun. A két hátsó motorházfedél mindkét páncéloson nyitva van, hogy jobb szellőzést biztosítsanak a motoroknak a forró nyári időszakban. A fényképen jól megfigyelhető a tartalék futógörgők rögzítése a farpáncélon. Figyeljük meg, milyen fényesnek tűnnek a lánctalpak a napsütésben!

Two Pz.Kpfw.III (T) Ausf.F, ‘633’ and ‘611’ pass by roughly constructed log buildings as they advance through a Russian village. The two rear engine deck hatches on each vehicle have been left in a raised position to provide better ventilation due to the hot summer weather. This shot provides a clear view of the manner in which the spare road wheels were attached to the rear of the hull. Note how polished the tracks look in the sunlight.

A következő képsorozat egy Pz.Kpfw. III (T) Ausf. F műszaki mentését dokumentálja, amely valahol Oroszországban, 1941-ben lezuhant egy fahídról. A képek segítségével megvizsgálhatjuk a jármű ritkán látható alját, amely jelen esetben felénk néz, az eleje látható a kép előterében.

This series of photos shows the recovery of a Pz.Kpfw.III (T) Ausf.F that tumbled off the side of a wooden bridge in Russia in 1941. This provides a rarely seen view of the bottom of the hull with the front of the vehicle in the foreground.

A hátsó vonószemekbe már beakasztották az Sd.Kfz. 6 csörlőjének vonóhorgait, hogy talpra állítsák a páncélost. Jól látható a két kipufogócső, amelyek ívben megkerülik a motortér vízi átkelés érdekében acéllemezekkel és vízzáró ajtókkal lezárt túlnyúló részét. A csövek alatt (jelen esetben felett) látható a ventilátor hajtószíjának szerelőnyílását takaró félgömb alakú borítás, amelyre egy vontató csatlakozót hegesztettek.

The winch from an Sd.Kfz.6 has been extended to the rear tow brackets to attempt to right the vehicle. We can see the two exhaust pipes curling around and up from the engine deck overhang that was sealed off for deep wading with steel plates and watertight doors. The domed cover on the rear plate for accessing the fan drive belts has a tow coupling welded to it.

Péter Kocsis Collection

Péter Kocsis Collection

E közelebbről készült képen jól láthatjuk az íves kipufogócsöveket és a vízzáró ajtókat. A páncéloson még 38 cm-es lánctalp van, noha a korai, 75 mm szélességű futógörgőket már a szélesebb, 95 mm-es görgőkre cserélték. Figyeljük meg, hogy a terhelés nélküli torziós rúgók miként növelik a lánctalp lógását!

A closer look at the rear of the vehicle giving a better view of the curved exhaust pipes and watertight doors. It is still fitted with the 38cm tracks although the early 75mm road wheels have been replaced with the wider 95mm type. Also note how the unweighted torsion bars have sprung down increasing the tension on the tracks.

Péter Kocsis Collection

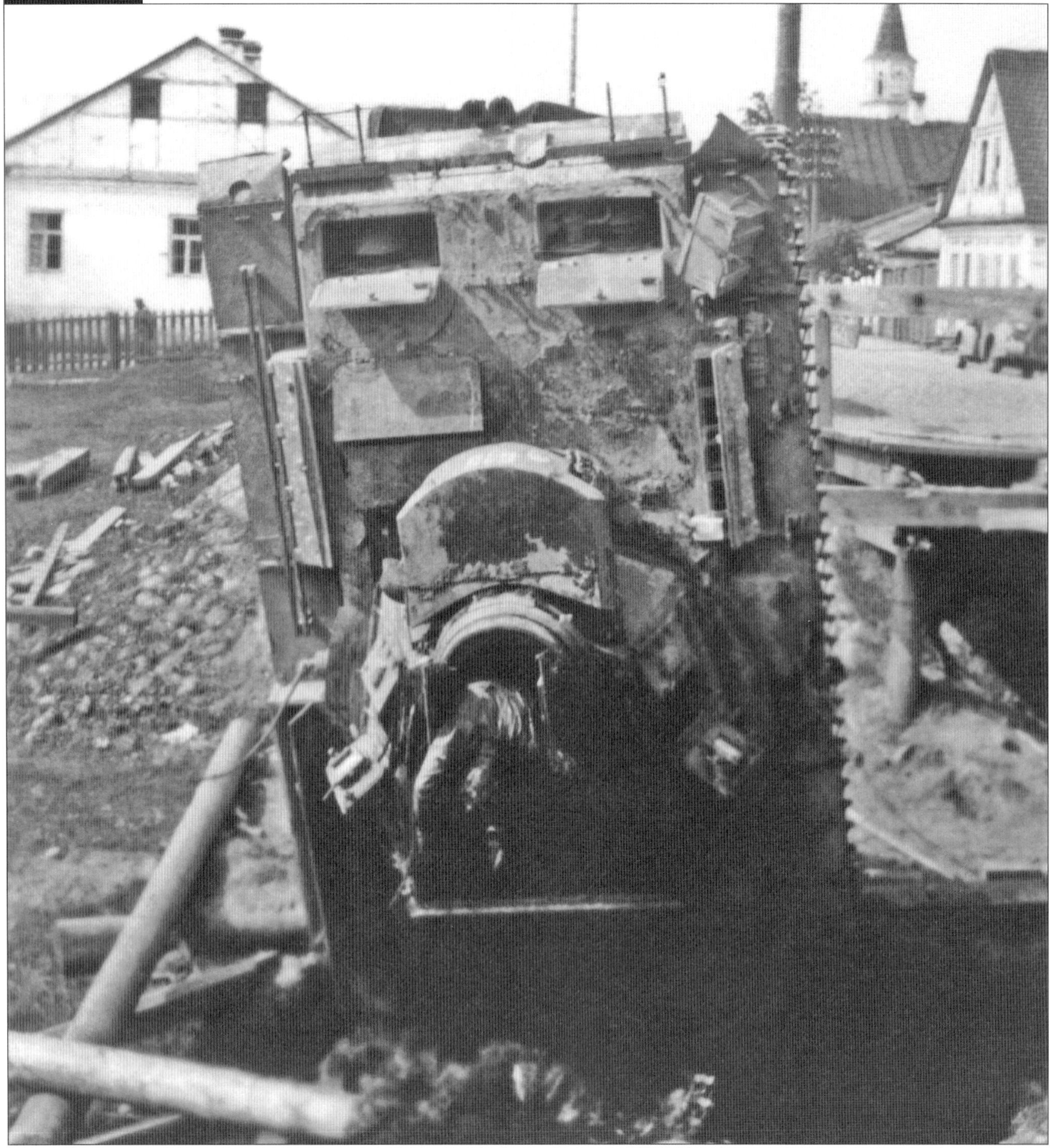

A páncélos már-már a holtponton van, ahonnan egy pillanat múlva visszaállhat a lánctalpaira. A kupolából még kilóg a szerencsétlenül járt parancsnok teste. A személyzet többi tagja a nyitott ajtók tanúsága szerint élve kijuthatott a járműből. Jól láthatók a motorháztető két szélén kialakított szellőzők zsanéros vízzáró lemezei, amelyek vízfelszín alatti átkelésnél szigetelték a motorteret. A páncéltest hátuljára erősített tartalék futógörgő tartók a 18. páncélosezred harcjárműveinek voltak a jellegzetességei.

The panzer is almost at the point where it will fall back onto its tracks, now revealing the body of the unfortunate commander. The open hatches probably indicate the rest of the crew got out. There is a good view of the hinged watertight covers that were closed over the engine ventilation grilles on each side of the engine deck to seal them off for deep wading. The spare road wheel brackets on the rear of the hull were peculiar Pz.Rgt.18.

Péter Kocsis Collection

Egy másik fénykép a már majdnem talpra állított harckocsiról felfedi, hogy a jobb oldali sárvédőre egy nagyméretű faládát erősítettek, illetve láthatjuk a páncélos „615"-ös harcászati azonosítószámát is a torony oldalán. Ezúttal a nyitott vízzáró lemezek is jobban megfigyelhetők.

Another view of the almost righted panzer reveals a large wooden storage box has been attached to the right fender and the tactical number '615' painted on the side of the turret. The open watertight wading covers can also more clearly be seen.

Péter Kocsis Collection

A „614"-es Pz.Kpfw. III (T) Ausf. F két másik Tauchpanzer III, a „611" és a „613" nyomában közelíti meg egy folyó partját az átkelés előkészületeként. Mindegyik jármű motorháztetejére 30-35 fahasábot kötöztek, amelyek arra szolgáltak, hogy a túlpart laza, puha talaját megerősítsék a lánctalpak számára. Figyeljük meg az egyirányú záró-szelepeket a kipufogócsövek végén! Úgy tűnik, a légbeömlők vízhatlan lemezeit még nem zárták le.

Pz.Kpfw.III (T) Ausf.F '614' follows two other Tauchpanzer III, '611' and '613', towards a river in preparation for crossing. Each one is carrying around 30-35 sawn wooden timbers tied down to their engine decks. These would be used to provide traction on the soft riverbank when climbing out on the opposite side. Note as well the one-way valves installed on the engine exhaust pipes, although the watertight covers on the air intakes don't appear to have been tightened down.

Péter Kocsis Collection

A 7. század egyik Pz.Kpfw. IV (T) Ausf. D páncélosa egy kompon várja az átkelést a folyó túlpartjára. Amennyiben tudott volt, hogy a folyó túl mély a felszín alatti átkeléshez, kompokat alkalmaztak, vagy hidat vertek a vízen. A páncéltest oldalára rögzített lánctalpak a 7. század harckocsijainak volt a jellemzője, ugyanakkor a legtöbb esetben a képen látható üzemanyag-kannával ellentétben egy tartalék futógörgőt helyeztek el a sárvédőn.

A Pz.Kpfw.IV (T) Ausf.D from 7.Kompanie has moved onto a pontoon ferry and is waiting to be carried over to the opposite bank of the river. If the river was known to be too deep then ferries or bridges would be set up to get across. The practice of carrying spare tracks on the side like this was peculiar to 7.Kompanie, although most often with a spare road wheel where the jerry can is on this vehicle.

Péter Kocsis Collection

Ennek a Pz.Kpfw. III (T) Ausf. F-nek (valószínűleg a „624"-esnek) a személyzete néhány bajtársukkal együtt pihen a harcok szünetében. A torony oldalán felfedezhetjük az ismeretlen rendeltetésű konzolt az emelőhorogra erősítve. Figyeljük meg a páncéltest félköríves sérült toldaléklemezét, amely így megnehezíti a vízfelszín alatti folyamátkelést!

The crew of this Pz.Kpfw.III (3.7cm) (T) Ausf.F, probably '624', are seen relaxing with some of their comrades during a break in the fighting. This particular vehicle has the unknown bracket attached to the lifting hook on the side of the turret. Note the semicircular hull roof extension has been badly bent which would seriously hamper their ability to cross a deep river.

Két bevagonírozott Tauchpanzer III. A közelebbi járművet a 38 cm széles lánctalpak és a külső indítónyílás felül zsanérozott fedőlemeze alapján egy Pz.kpfw. III (T) Ausf. G-ként tudjuk beazonosítani. Mindkét páncélos kipufogócsöveire felerősítették az egyirányú zárószelepeket. A Tauchpanzer III és IV harckocsikat ellátták egy henger alakú szűrővel, amelyet az emelő fa alátétje felett látható túlfolyócsőre rögzítettek. Ez azt a célt szolgálta, hogy folyamátkelés során megakadályozza a vízben úszó szemét és hordalék bejutását a rendszerbe.

Two Tauchpanzer III loaded onto rail cars. The closest one can be identified as a Pz.Kpfw.III (T) Ausf.G by the top hinged crank starter port flap and 38cm tracks. Both have the one-way valves installed on the exhaust pipes. Tauchpanzer III and IV had a cylindrical sieve mounted on the rear to prevent contaminated river water from entering through the radiator overflow pipe as they crossed a river, seen here just above the jack block.

Péter Kocsis Collection

Ez a Pz.Kpfw. IV (T) Ausf. D a 9. század állományából és a többi Tauchpanzer III valószínűleg az előző képen is látható vonatszerelvényen áll. Valamennyi páncélos majdnem teljesen elő van készítve a vízfelszín alatti átkeléshez, hiszen mindre fel van szerelve a lövegpajzsot szigetelő gumírozott ponyva, illetve a második Tauchpanzer III kivételével a vezető kinézőnyílásának vízhatlan záróeleme is. Jól láthatók az ennek a századnak a páncélosaira jellemző merevítőlemezek is, amelyeket szögben rögzítettek a páncéltest és a sárvédő között (néhány járműre egy harmadik lemezt is erősítettek a felépítmény elejére). A harckocsik között néhány üzemanyagszállító utánfutó is felbukkan.

This Pz.Kpfw.IV (T) Ausf.D from 9.Kompanie and several Tauchpanzer III's are likely on the same train as the previous photo. They are all almost fully fitted out for deep wading with the rubberized canvas membrane installed on the front of the turret and watertight covers on the driver's visor. We can also see the diagonal braces from the hull to the fender that was peculiar to this company, though some had one brace at the front as well. Several fuel trailers can be seen mixed in as well.

Péter Kocsis Collection

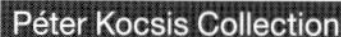

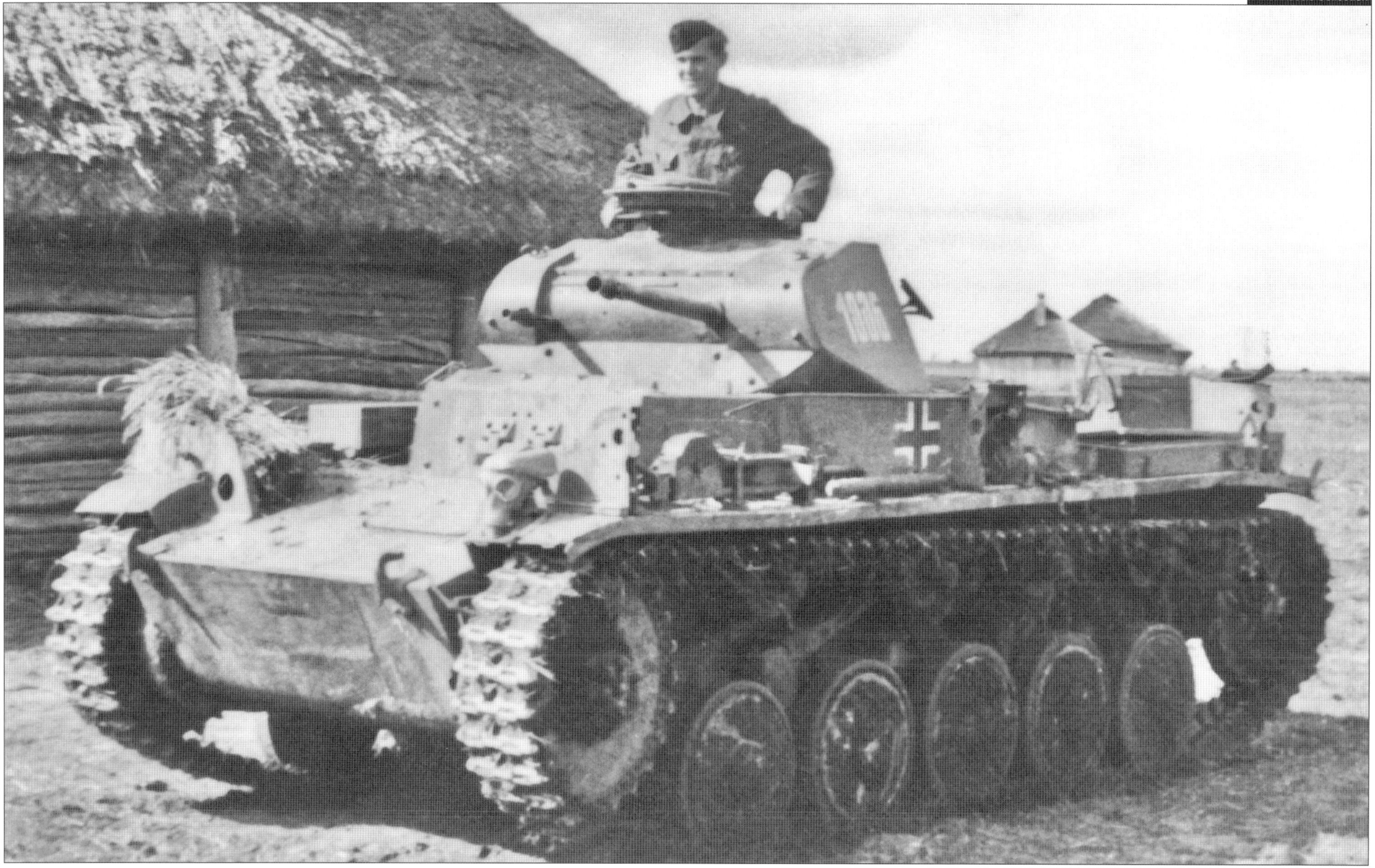

Az alakulat egy újabb Pz.Kpfw. II Ausf. A vagy Ausf. B harckocsija, amelyet átalakítottak régi változatú úszópáncélossá. Megfigyelhetők a felerősíthető pontonok távtartói a sárvédő szélén, a visszafutógörgőkön azonban sár takarja ezeket. Figyeljük meg a Notek fényszóróra helyezett gázmaszkot!

Another of the units Pz.Kpfw.II Ausf.A or B that has been converted to a Schwimm-Pz.Kpfw. II alter Ausführung. The support brackets for the detachable flotation chambers can be seen on the fenders though the lower ones are obscured by mud on running gear. Note the gas mask placed around the Notek light.

Péter Kocsis Collection

▲ Ezt a Pz.Kpfw. III (T) Ausf. H-t teljesen elpusztította egy belső robbanás. Az altípust a páncélteknő alsó, csavarozott pótpáncélzata, a ködgránátok páncélozott burkolata és a 40 cm széles lánctalp alapján lehet beazonosítani. A torony hátsó tároló dobozát a robbanás a motortérbe vetette, így láthatóvá vált az amúgy takarásban lévő belső fala is. A doboz fala követte a torony hátfalának a vonalát. A toronyemelő horgokat a doboz belsejéből csavarozták fel, és ezek tartották a tároló dobozt is.

▲ This Pz.Kpfw.III (T) Ausf.H, identifiable by the bolted Zusatzpanzerung on the lower hull, armored cover on the smoke grenade rack and new 40cm wide tracks, has been completely destroyed by an internal explosion. The turret stowage bin has been blown off and is resting in the engine compartment exposing the inside face. The curved wall of the bin conformed to the shape of the rear turret plate and the turret lifting hooks bolted on from inside the bin to hold it in place.

Ezt a Pz.Kpfw. II Ausf. A vagy Ausf. B-ből átalakított régi változatú Schwimm-Pz.Kpfw. II-t felállították egy 10 tonna teherbírású Sd.Ah. 115 harckocsiszállító trélerre. Jól láthatók a fel-erősíthető pontonok tartókonzoljai a sárvédőn, a hátsó egy kupac fahasáb között fedezhető fel. Az antenna fából készült tárolóját eltávolították, hogy helyet biztosítsanak a középső tartókonzolnak. A motortér tetején egy, a szovjet hadseregtől zsákmányolt Moszin-Nagant M1981, kevésbé ismert nevén háromvonalas M1981 puska látható.

This Pz.Kpfw.II Ausf.A or B, that has been converted to a Schwimm-Pz.Kpfw.II alter Ausführung, has been loaded onto an Sd.Ah.115, a tank transport trailer with a capacity up to 10 tons. The support brackets for the detachable flotation chambers can be seen along with bundles of sawn timbers on the engine deck. The wooden antenna trough has been removed to make room for the center bracket resulting in the antenna having no support. The rifle on the side appears to be a Mosin-Nagant M1891, or more correctly a 3-line M1891 rifle.

Oliver Loerscher Collection

A vezető kitekintőnyílása feletti esővető lemez hiánya alapján ez valószínűleg egy Pz.Kpf. III (T) Ausf. G. A 3,7 cm-es löveg csövére négy győzelmi gyűrűt (Abschussringen) festettek fel, közvetlenül a cső végére erősített védőhuzat mögé. A huzatnak a csövön körbetekert tartószíját a löveg aljára hegesztett apró fémkarikára erősítették. A „625"-ös harcászati azonosítószámot fehérrel festették a torony oldalára, közvetlenül a toronyemelő kampó alatti rögzítőlemez mögé. Figyeljük meg a Notek-lámpa aljzatát a sárvédőn!

The lack of a rain shield over the driver's visor likely indicates that this is a Pz.Kpfw.III (T) Ausf.G. The 3.7cm gun has four Abschussringen (kill rings) painted on the barrel just behind the dust cover on the end of the barrel, the tie strap for which can be seen twisted around the barrel and fastened to a small loop welded to the underside of the barrel sleeve. The tactical number '625' is painted in white on the side of the turret just behind the bracket fixed under the turret lifting hook. Note the base for the Notek light on the fender.

Ennek a Pz.Kpfw. III (T) Ausf. F vagy Ausf. G-nek épp a motorját cserélik egy, az arcvonal mögött felállított javítóbázison. A páncélos már az újabb, 5 cm-es Kw.K (L/42) löveggel rendelkezik és a legelső visszafutógörgőjét már előrébb rögzítették, hogy elkerüljék a lánctalp nekicsapódását a lengéscsillapító tetejének. A háttérben egy 1,5 tonnás Borgward L2000 S vagy L 2300 teherautó látható – a két altípus között csak a gyártás éve jelentette a különbséget.

This Pz.Kpfw.III (T) Ausf.F or G is having its Maybach HL 120 TRM V-12 engine replaced at a maintenance facility behind the front lines. It has been upgraded with the new 5cm Kw.K (L/42) gun and had the front return roller moved ahead to prevent the tracks from hitting the top of the shock absorber. In the background is a Borgward 1.5t L 2000 S or L 2300 lorry, the only difference being the year of manufacture.

Péter Kocsis Collection

Egyike a búvárpáncélossá átalakított négy Pz.Bef.Wg. III Ausf. E-nek, amelyek gyártásával az Alkett lett megbízva 1940 júniusában. A lövegpajzs körül egyértelműen látható a csavarozott keret, de úgy tűnik, a motortér oldalán elhelyezett légbeömlőkön nincs rajta a vízzáró fedőlemez. Mivel a tornyot rögzítették, a páncéltest szélére már nem volt szükséges felerősíteni azt a félköríves kiegészítő lemezt, amit a hagyományos, csatár kivitelezésű Pz.Kpfw.III (T)-re felerősítettek. Figyeljük meg a frontpáncélzatra rögzített vízhatlan Bosch fényszórót!

This is one of the four Pz.Bef.Wg.III Ausf.E that Alkett were contracted to convert to Tauch-Panzer in June 1940. The bolt flange around the front of the turret is apparent but there does not appear to be watertight covers over the air intakes on the side of the engine deck. As the turret was fixed in place, there would be no need to add the semi-circular extensions to the hull roof like on a normal Pz.Kpfw.III (T). Note the watertight Bosch headlight mounted on the glacis.

Péter Kocsis Collection

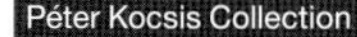

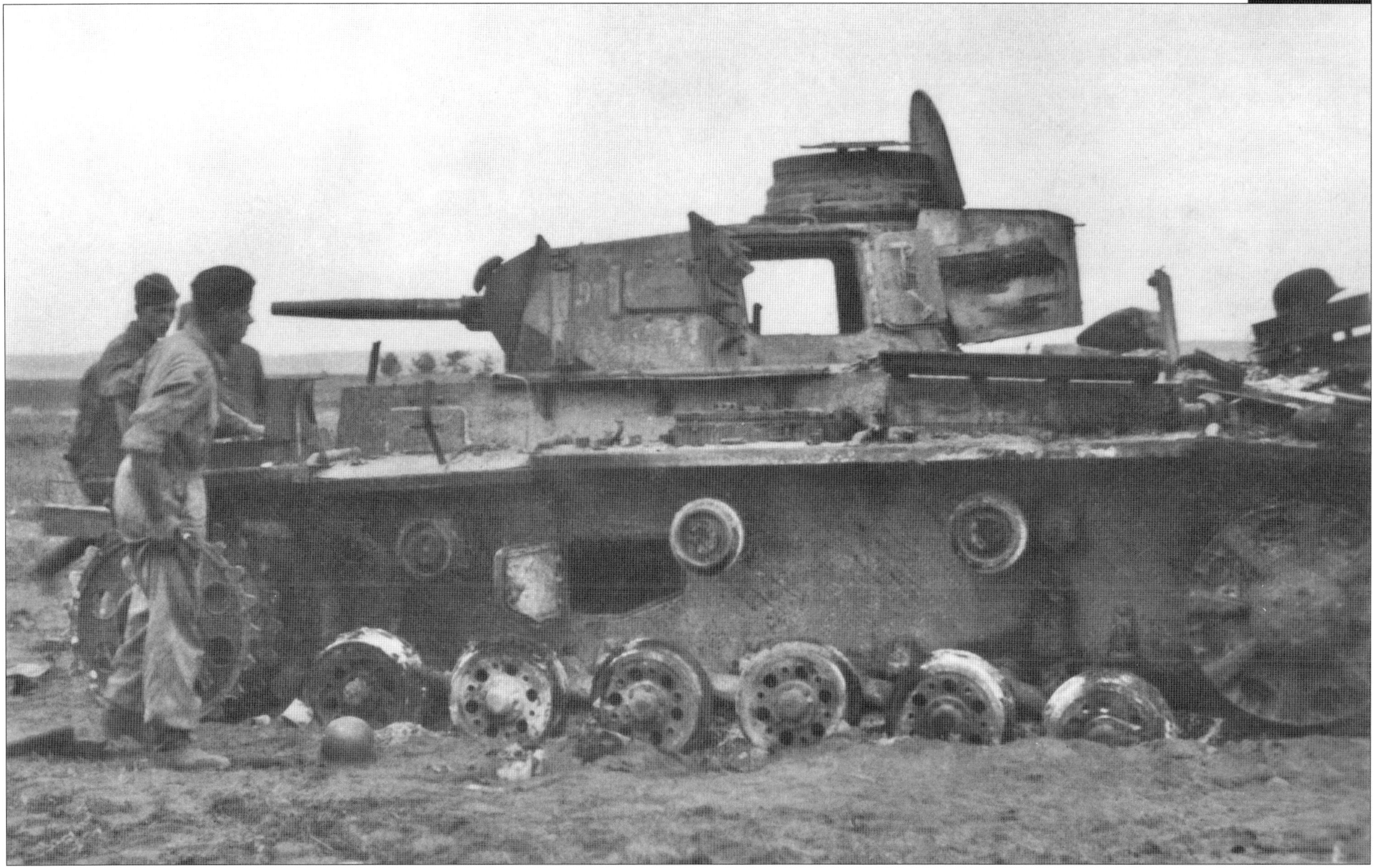

▲ Egy kilőtt Pz.Kpfw. III (T) Ausf. F vagy Ausf. G, amelynek az összes futógörgőjéről és visszafutógörgőjéről leégett a gumirozás, akárcsak a festék a torony oldaláról. Emiatt semmilyen felismerhető jelzést nem találunk a harckocsin, ami alapján be tudnánk azonosítani, ugyanakkor a torony emelőkampóján felfedezhetjük a jellegzetes, ám ismeretlen rendeltetésű rögzítő elemet.

▲ A knocked out Pz.Kpfw.III (3.7cm) (T) Ausf.F or G. Fire has burned off all the rubber from the road wheels and return rollers and burned the paint off the side of the turret removing any visible markings. It has the unknown bracket attached to the turret lifting hook.

Ennek a Pz.Kpfw. III (T) Ausf. G-nek leemelték és a harckocsi elé helyezték a tornyát. Az altípus a keskeny, 38 cm-es lánctalpról és a külső indító nyílásnak a felül zsanérozott fedőlemezéről azonosítható be. A háttérben egy másik Pz.Kpfw. III maradványai láthatók, amelynek hiányoznak a futógörgői és a felépítménye, a tornya pedig a földön hever fejjel lefelé. A kép jobb szélén egy Sd.Kfz. 9 nehéz féllánctalpas vontató hátulja látszik.

This Pz.Kpfw.III (T) Ausf.G, identifiable by the top hinged crank starter port flap and the narrow 38cm tracks, has had its turret removed and placed in front of the vehicle. In the background is what is left of another Pz.Kpfw.III that is missing all its road wheels and superstructure while its turret lies upside down to the right. Further right, we can seen the rear end of an Sd.Kfz.9 heavy half-track prime mover.

Noha hasonlít az előző képen látható javítóbázisra, ez egy másik helyszín, ahol két Pz.Kpfw. III (T) Ausf. F és két Pz.Kpfw. III (T) Ausf. G páncélost láthatunk. A fénykép közepén látható harckocsi toronyszáma „R02", ami alapján az ezredparancsnok segédtisztjének járműve volt, noha nem parancsnoki változat. Az előtérben egy zsákmányolt francia Citroen 11CV Traction Avant személygépkocsi áll, ajtaján a 18. páncéloshadosztály jelzésével.

Although similar to the previous photo, this is a different maintenance depot in which we can see two Pz.Kpfw.III (T) Ausf.F and two Pz.Kpfw.III (T) Ausf.G. The one in the center of the photo has the tactical number 'R02' painted on the turret indicating is belongs to the regimental adjutant although it is not a Befehlspanzer. In the foreground is a captured French Citroen 11CV Traction Avant staff car with the unit emblem for 18.Panzer-Division painted on the door.

Noha a harcászati azonosítószáma nem látszik ennek a Pz.Kpfw. IV(T) Ausf. D-nek, a felépítmény bal oldalára illesztett tartalék lánctalp és futógörgő alapján kijelenthetjük, hogy a 7. század állományába tartozott. A sárvédő elejére rögzített láda helyére általában egy másik tartalék futógörgőt helyeztek. A sárvédő szélére erősített három függőleges rúd eredetileg a kezdetben használt légcső tárolására szolgált. A háttérben egy meglehetősen ritka, összkerékhajtású 3 tonnás Mercedes-Benz L3000 A tehergépkocsi látható.

Although we can't see the tactical number painted on this Pz.Kpfw.IV (T) Ausf.D, we can tell it is from 7.Kompanie by the track and road wheel stowage on the left side of the hull. Normally another road wheel would be mounted where the box on the front fender is located as well. The three vertical posts mounted along the edge of the fender were originally used to support the snorkel hose that was initially used. The truck behind is a rather rare Mercedes-Benz L3000 A all-wheel drive 3t lorry.

Oliver Loerscher Collection

A páncélteknő oldalára festett 6582X alvázszám alapján ez a harckocsi egyike a Daimler-Benz Werke által 1940-ben gyártott 60 Pz.Kpfw. III (T) Ausf. G-nek. Az átalakított torony lehetővé tette a megnövelt lövegpajzzsal ellátott új, 5 cm-es L/42 harckocsiágyú alkalmazását és már az új, megerősített parancsnoki kupolával szerelték fel. A 18. páncéloshadosztály harcászati jelzését a szokatlan „1123"-as harcászati azonosítószám elé festették fel. Meglepő módon a két első számjegy kisebb méretű, noha a század más páncélosain egységesek a számok.

The Fgst.Nr. 6582x painted on the side of the hull indicates that this is a Pz.Kpfw.III (T) Ausf.G and was one of 60 produced by Daimler-Benz Werk in 1940. It has been converted to accept the new 5cm Kw.K. L/42 gun with an external mantlet and also has the reinforced cupola installed. The tactical sign for 18.Panzer-Division can be seen painted on the side of the turret ahead of the unusual tactical number '1123' where the first two digits have been painted smaller than the last two. Other vehicles in this company show all digits the same size.

Ezen a Pz.Kpfw. III (T) Ausf. F vagy Ausf.G-n jól látható a lövegpajzsra erősített keretre rögzített gumírozott, vízhatlan ponyva. Figyeljük meg az üvegablakot a torony homloklemezének kinézőnyílása előtt és a két párhuzamosított géppuska burkolatát! A 18. páncéloshadosztály jelzése a harcászati azonosítószám előtt, a torony tetején ülő katona jobb lába mellett látható.

This Pz.Kpfw.III (T) Ausf.F or G has its rubberized canvas waterproof membrane attached to the frame around the front of the turret. Note the clear glass window in front of the turret view port and the two bulges to accommodate the coaxial MG34's. The tactical emblem for 18.Panzer-Division can be seen painted on the side of the turret beside the crew members right leg in front of the white tactical number.

Tauchpanzerek oszlopa vonul a rájuk ültetett gyalogsággal egy poros földúton, élen a 7. század három Pz.Kpfw. IV (T) Ausf. D harckocsijával. A katonák mosolya alapján nem lehetnek túl közel az arcvonalhoz. A felépítményre és a frontpáncélzatra rögzített tartalék lánctalpak és a jobb sárvédőn elhelyezett tartalék futógörgő a század páncélosainak jellemzője. Figyeljük meg a vezető kinézőnyílásának prizmájáról visszaverődő napfényt!

A column of Tauch-Panzers led by three Pz.Kpfw.IV (T) Ausf.D from 7.Kompanie roll along a Russian dirt road each carrying several German infantrymen. Their relaxed attitude indicates they not close to the front lines. Spare tracks carried vertically on the front and sides of the hull and the spare road wheel on the right fender are peculiar to this company. Note the sunlight reflecting off the armored glass in the driver's visor.

A lövegpajzsra erősített gumírozott vízhatlan ponyvának csak a szegélye maradt meg ezen a Pz.Kpfw. III (T) Ausf. G harckocsin. A ponyvát a folyamátkelést követően egyszerűen kivágták, mert valószínűleg gyorsan kellett megszabadulni tőle. A kereten sorakozó csavarok számát figyelembe véve igencsak időigényes feladat lehetett a vízhatlan anyag fel- és leszerelése. A homlokgéppuskán ugyanakkor még rajta van a ponyva. A torony emelőkampójára rögzített ismeretlen rendeltetésű eszközbe egy csavarszerű, lyukas fejű tárgy látható. Figyeljük meg a frontpáncélzatra erősített Bosch fényszórót és a személyzet rohamsisakjait a sárvédőn!

This Pz.Kpfw.III (T) Ausf.G has the remnants of the rubberized canvas watertight membrane around the bolt flange where it was hastily cut away after fording a river. Installing the membrane must have been a tedious task considering the number of bolts that needed to be tightened by hand. The cover on the hull MG is still in place as well. The unknown bracket bolted to the turret lifting hooks has a bolt like object with a large hole in the head fastened to it. Note the waterproof Bosch headlight on the glacis and the crew's helmets stowed on the fender.

A 7. század „733”-as toronyszámú, hadviselt Pz.Kpfw. IV (T) Ausf. D páncélosának a tornyára – hosszú útra készülvén – nyolc üzemanyagkannát rögzítettek. A jármű valahol út közben elhagyta a bal első sárvédőjét, amit egy fémlemezzel pótoltak, a lövegpajzsra szerelt keretet pedig átütötte egy kis űrméretű lövedék. A sárvédő szélére szerelt fellépőt megfordították, hogy rögzítse a tartalék görgőt. A futómű ötödik görgőjén már egy későbbi változatú csapágyfedél látható, amelyet a Pz.Kpfw. IV Ausf. E gyártásánál kezdtek el alkalmazni.

This battle scarred Pz.Kpfw.IV (T) Ausf.D ‘733’ from 7.Kompanie has eight jerry cans of fuel tied down on its turret in preparation for a long drive. Somewhere along the way it lost its left front fender, which has been replaced by a sheet of metal and a small penetration hole can be seen through the bolt flange above the corner of the mantlet. The boarding step on the fender is reversed to hold a spare road wheel and the fifth road wheel has a later style hubcap introduced on the Pz.Kpfw.IV Ausf.E.

Egy másik Pz.Kpfw. IV (T) Ausf. D a 7. század állományából, talán a „734"-es. A tartalék lánctagok a század járműveire jellemzően vannak elhelyezve a frontpáncélzaton, akárcsak a tartalék futógörgő a sárvédő első részén. Az emelő és a felépítmény között egy szovjet PPS géppisztoly látható. Figyeljük meg, hogy a korábbi képekkel ellentétben itt nincs takarólemez a küzdőtér oldalfalának hátulján kialakított szellőzőnyíláson!

Another Pz.Kpfw.IV (T) Ausf.D from 7.Kompanie, possibly '734' , has this company's unique spare track arrangement on the front of the hull and spare road wheel locations on the front fenders. A Soviet PPSh-41 submachine gun can be seen between the jack and the hull. Note the air vent in the side of hull at the back of the crew compartment does not have the cover plate seen in previous photos.

A vezető kinézőnyílásának lefordítható napfényellenzője, illetve a korai, 38 cm-es lánctalp alapján Pz.Kpfw. III (T) Ausf. G-ként beazonosítható páncélos hatalmas porfelhőt kavar, amint végigrobog egy földúton. A „632”-es azonosítószám kivehető a torony oldalán, más jelzés azonban nem látható a járművön. A vezető kinézőnyílása körül az eredeti sötétszürkétől (RAL 7021 Dunkelgrau) eltérő elszíneződés látható, valószínűleg a vízhatlan ponyva szigeteléséhez használt tömítőanyagnak köszönhetően. Figyeljük meg, hogy a motortér szellőzőrácsának vízzáró lemeze ki van nyitva és rá van hajtva az emelőre!

This Pz.Kpfw.III (T) Ausf.G, identifiable by the pivoting driver's visor and early 38cm tracks, raises a cloud of dust as it travels down a country road. The tactical number '632' can be seen on the side of the turret but no other markings are visible. There is some discoloration of the vehicles dunkelgrau RAL 7021 paint around the driver's visor, likely caused by the sealant used for the watertight cover. Note the open watertight door for the ventilation grill resting on the jack.

AMC

Ez az őrmester büszkén pózol a fekete páncélos egyenruhájának a gomblyukába fűzött, frissen kiérdemelt II. osztályú Vaskeresztjével. A kitüntetést csak azon a napon viselhették ily' módon a katonák, amikor átvették, máskülönben csak a szalagokat fűzhették be a gomblyukba. Az I. osztályú Vaskereszt csak egy érem volt, szalag nélkül. A Pz.Kpfw. III (T) Ausf. G vezető kinézőnyílása körül jól láthatók a vízhatlan tömítőanyag maradványai.

This Unteroffizier proudly poses for a photograph with his newly awarded Iron Cross 2nd Class hanging from the buttonhole in his black panzer tunic. The medal was allowed to be worn like this on the day of award but afterwards only the ribbon was worn in the buttonhole. The Iron Cross 1st Class was a pinned badge without a ribbon. The remnants of the sealant around the driver's visor for the watertight cover are clearly visible on this Pz.Kpfw.III (T) Ausf.G.

Néhány igencsak érdekes részletet fedezhetünk fel ezen a Pz.Kpfw. III (T) Ausf. G harckocsin. A rugalmas légtömlőt tartó, sárvédőre csavarozott függőleges rudak közül kettő is jól látható, akárcsak a hűtőrácsot védő, zsanéros vízzáró fedőlemez részletei és a tömítés a torony alsó szegélyén. A torony oldalán látható a 18. páncéloshadosztály sárga harcászati jelzése és a fehér azonosítószám. Tekintve, hogy a nyitott ajtó alatt látszik a torony hátpáncéljára festett hadosztályjelzés egy része, a harcászati jelzés és a toronyszám valószínűleg oda is fel lett festve.

Some interesting details can be seen on this Pz.Kpfw.III (T) Ausf.G. Two of the vertical posts that supported the flexible hose can be seen bolted to the fender as well as the detail on top of the hinged watertight door on the ventilation grille and perimeter seal on the bottom of the turret. The tactical emblem for 18.Panzer-Division is painted in yellow ochre and the tactical number in white on the side of the turret and probably the rear as well, as the bottom of the unit emblem can be seen on the back just below the open hatch.

Egy másik fénykép a 100. lángszórós páncélos-század egyik zsákmányolt brit Cruiser Mk. IV harckocsijáról. A „141"-es harcászati azonosítószámot sárgával festették fel, a keskeny hasábkereszt pedig a torony oldalára erősített, fából készült tárolóra rögzített fémlapra került. A „Guderian" páncéloscsoportot jelző fehér G betűt a torony elejére festették fel, a páncéltest oldalán pedig egy fehér keretes fekete hasábkereszt látható. Figyeljük meg a földön heverő, elhasznált 2 fontos lőszerek hüvelyeit a páncélos előtt!

Another photo of one of Pz.Abt. (F) 100's captured British Cruiser Mark IV tanks at rest. The tactical number '141' is painted in yellow ochre and a narrow style white outline Balkenkreuz is painted on a metal plate on the wooden stowage rack attached to the side of the turret. A white letter 'G' for Panzergruppe 'Guderian' is painted on the front of the turret and a black with white outline Balkenkreuz is painted on the side of the hull. Note the expended 2-pounder shell casings lying on the ground in front.

Ez a 3,7 cm-es löveggel felfegyverzett Pz.Kpfw. III (T) Ausf. G motorjavításra készül egy orosz tanyaudvaron felállított rögtönzött műhelyben. A karbantartók épp végeztek a farönkökből összeállított láncos daru felállításával, amellyel majd leemelik a motorházfedelet, hogy nekilássanak az előttük álló munkának. A torony emelőkampóján, a fehér toronyszám és a sárga harcászati jelzéstől balra látható az ismeretlen rendeltetésű tartóelem.

This Pz.Kpfw.III (3.7cm) (T) Ausf.G is about to undergo some engine repairs at a makeshift depot located in a Russian farmyard. The maintenance crew are in the final stages of constructing a wood gantry for a chain hoist to lift the engine deck off in preparation for the work ahead. The unknown bracket is attached to the lifting hook on the side of the turret to the left of the white tactical number and yellow ochre tactical emblem.

Számos Tauchpanzer III áll szétszórva egy orosz városban felállított javítóbázison. Sajnálatos módon egyik harcászati azonosítószámot sem lehet beazonosítani, de el lehet képzelni, milyen nagymértékben csökkentette egy alakulat hadrafoghatóságát, ha ilyen sok járműve esett ki a harcból különböző technikai okok miatt. A katonáknak a jobb oldalon látható fás parkban alakítottak ki ideiglenes szállást.

Several Tauch-Panzer III's are scattered around this maintenance depot located in a Russian city. Unfortunately, none of the tactical numbers are clear enough to identify, but one can imagine how depleted its combat strength would be with this many tanks out of action due to breakdowns. Temporary quarters for the men have been set up in the wooded park to the right.

Péter Kocsis Collection

A szovjet T-34 és a még nehezebb KV-1, illetve KV-2 harckocsik megjelenése tökéletesen meglepte a német hadsereget. A képen két hátrahagyott vagy kilőtt KV-1 áll az út mentén a Wehrmacht első háborús telén, 1941-1942-ben. Az első harckocsiról hiányzik az egyik lánctalp, valószínűleg csak hátrahagyta a személyzete. A kép jobb oldalán egy Pz.Kpfw. III (T) Ausf. F halad el a sáros úton, amelyet a harckocsikon látható hó mennyisége alapján nemrégiben lazíthatott fel a havazás.

The Soviet T-34 and heavier KV-I and KV-II tanks took the German Army completely by surprise when they first encountered them. Here, two disabled or knocked out KV-I's lay at the side of the road during the Wehrmacht's first winter in Russia in 1941-42. The one on the left is missing some of its track so it may be just disabled. On the right, a Pz.Kpfw.III (T) Ausf.F passes by on the muddy road caused by recent snowfall as evidenced by the amount of snow still on all the tanks.

Ezen az ugyanazon a helyszínen, ám más szemszögből készített fényképen látható, hogy a Pz.Kpfw. III (T) Ausf. F motorháztetején két 200 literes üzemanyaghordó van. A „612"-es toronyszámú páncélosról több kép is szerepel a kiadványban. A nyári gyors előrenyomulásoknak hamar vége szakadt.

Another view of the previous scene but from a different vantage point shows the Pz.Kpfw.III (T) Ausf.F is carrying two 200 liter fuel drums on the engine deck. This vehicle, with tactical number '612', has also been seen in previous photographs in this book. The rapid advances made during the summer were about to end.

Péter Kocsis Collection

A katonák épp végeznek ennek a 2 cm-es lövegétől és párhuzamosított MG 34 géppuskájától megfosztott, hanyag téli álcafestéssel ellátott Pz.Kpfw. II Ausf. B vagy Ausf. C lánctalpának a javításával egy orosz faluban, 1941-1942 telén. A 18. páncéloshadosztály koponyát és keresztcsontokat ábrázoló jelzése alig vehető ki a torony oldalán a fehér „705"-ös azonosítószám mögött. A fehér G betű teteje is csak épp kilátszik a meszelés alól a tároló doboz elején.

This crudely whitewashed Pz.Kfw.II Ausf.B or C, missing its 2cm Kw.K.30 main armament and coaxial MG34, is having its track repaired in a Russian village during the winter of 1941-42. The unit emblem for 18.Panzer-Division, the skull and crossbones in a shield can be faintly seen painted on the side of the turret just behind the white tactical number '705'. The top of a white letter 'G' can also just be seen painted on the front of the stowage bin.

Péter Kocsis Collection

Télies életkép egy javítóbázison egy fehér álcafestésű Pz.Kpfw. IV (T) Ausf. D-vel, amit a korai parancsnoki kupoláról lehet beazonsítani, illetve egy Pz.Kpfw. II Ausf. B vagy Ausf. C-val és egy Henschel 33D1 vagy G1 (dízel-változat) tehergépkocsival. A Pz.Kpfw. II mögött egy mobil darut állítottak fel a motor karbantartása végett. A földön különböző lánctalpak és egy komplett motor hever.

A wintry maintenance depot scene with a Pz.Kpfw.IV (T) Ausf.D in winter whitewash camouflage paint, identifiable by the early cupola, along with a Pz.Kpfw.II Ausf.B or C and a Henschel 33D1 or G1 (the Diesel version). A portable gantry crane has been set up behind the Pz.Kpfw.II in preparation for engine maintenance. Various track parts are strewn around as well a complete engine.

Péter Kocsis Collection

A veszteségek növekedésével a 18. páncéloshadosztály egyre inkább hagyományos harckocsikat kapott utánpótlásként. A Pz.Kpfw. III Ausf. J 1941 tavaszán bukkant fel először a harctereken. A képen egy korai változat látható a 40 cm-es korai lánctalppal, amelyről még a gyárilag felszerelt tartalék lánctalpakat rögzítő tartólemez is hiányzik a frontpáncélzatáról. A sok feljavítás közül jól látható a homlokgéppuska gömb lövegpajzsa, a vezető új kinézőnyílása és a páncélteknő megnövelt oldalfalai, amelyeknek a végén alakították ki a vontatónyílásokat. Figyeljük meg a torony tároló dobozának nyitott fedelére festett fehér hasábkeresztet!

As losses increased, the 18.Panzer-Division started to receive standard gun tanks as replacements. The Pz.Kpfw.III Ausf.J made its first appearance on the battlefield in the spring of 1941. It is one of the earlier production vehicles with the early type of 40cm tracks and without the factory spare track bar on the front of the hull. Among the many improvements are the bow MG mount, driver's visor and extended hull sides drilled for towing. Note the white outline Balkenkreuz painted on the open turret stowage bin lid.

Péter Kocsis Collection

▲

Ezt a Pz.Kpfw. III Ausf. J-t egy lövészeten fényképezték le. A motorháztetőt átalakították és a páncélteknő felső részének hátsó lemezét leegyszerűsítették és megerősítették. A torony oldalsó kinézőnyílása elől hiányzik a lövedékvető lemez, ez azt valószínűsíti, hogy a korábbi 30 mm-es helyett már az 50 mm-es páncéllemezből készült. Úgy tűnik, a harcászati azonosítószámot átfestették, mert a két 1-es más stílusú, mint a 3-as.

▲

This Pz.Kpfw.III Ausf.J was photographed during gunnery training. The engine deck was modified and the rear plate on the upper hull was simplified and strengthened. The turret is missing the bullet splash strip in front of the visor indicating it has the 50mm thick plate instead of the 30mm plate. The tactical number appears to have been changed by repainting the ‘11’ in front of the ‘3’ in a different style.

Péter Kocsis Collection

Egy másik Pz.Kpfw. III ausf. J derékmagas termésen nyomul keresztül a lángoló tanyaépületek között. Az „600"-as toronyszámot fehérrel festették fel a torony oldalára, az alakulatjelzés pedig a hátsó tároló dobozra festett szám mellett látható. A doboz szélén egy fehér csík fut körbe, és úgy tűnik, mintha maga a doboz fedele is fehér lenne. Az 5 cm-es löveg csövére számos győzelmi gyűrűt is felfestettek.

Another Pz.Kpfw.III Ausf.J advances through waist high crops as Russian farm buildings burn in the background. The tactical number '600' is painted in white on the side of the turret and the unit emblem can be seen along with the number on the rear of the turret stowage bin. The bin looks like it has a white stripe around the top and the lid may possibly be white as well. It appears that several kill rings have been painted on the 5cm gun barrel.

Péter Kocsis Collection

▲
Igencsak kínos helyzetbe került ez a Pz.Kpfw. III Ausf. J, miután a fahíd, amelyen áthaladt, leszakadt a súlyától. Noha viszonylag alacsonyról zuhant le, a 20 tonnás jármű becsapódása súlyos sérüléseket okozhatott a kezelőszemélyzet tagjainak. A páncélos a Kgs. 61/400/120 40 cm-es lánctalp korai változatával van felszerelve, amelynek a két szélén még egyetlen összekötő rúd volt.

▲
This Pz.Kpfw.III Ausf.J has found itself in a awkward position after the temporary wooden bridge it was crossing collapsed under its weight. Though it didn't fall a great distance, 20 tons of panzer hitting the ground below would likely have caused some serious injuries to the crew. It is fitted with the initial Kgs.61/400/120 40cm track with a single bar connector and each end.

Péter Kocsis Collection

Az előző képen látható Pz.Kpfw. III Ausf. J jobb oldaláról készült fénykép felfedi a torony oldalsó kinézőnyílása előtti lövedékvető lemez alsó részét. Ez alapján ez a páncélos a legkorábbi J változatok egyike, amelyeken még az Ausf. E és Ausf. H változatokon használt 30 mm-es frontpáncélzatot alkalmazták.

Another view of the same Pz.Kpfw.III Ausf.J that was taken from the right side reveals the bottom of the splash strip in front of the turret side visor indicating it was one of the first ones built with the 30mm thick front plate used on the Ausf.E to H version.

Péter Kocsis Collection

Úgy tűnik, az ezred új Pz.Kpfw. IV Ausf. G-inek egyike súlyos sérülést szenvedett a vezető kinézőnyílása előtt felülről becsapódó tüzérségi lövedéktől. Ez egy korai, 7,5 cm-es KW.K40 L/43-as löveggel felfegyverzett változat, a felépítmény és a teknő frontpáncélzata 50 mm-es páncéllemezből készült, a torony homlokpáncélzatán pedig mindkét oldalon kialakítottak egy-egy kinézőnyílást. A bal sárvédőről még hiányzik a tartalék futógörgők tárolója, de a frontpáncélzat (közel) vízszintes elemén már megtalálható a hét tartalék lánctalptag rögzítője – mindkét megoldást 1942 júniusától alkalmazták.

One of the regiments new Pz.Kpfw.IV Ausf.G appears to have been severely damaged by a falling artillery round that landed on the glacis plate in front of the driver's visor. It is an early production vehicle with the 7.5cm KW.K40 L/43 gun, 50mm front plates on the hull and superstructure and visors on both sides of the turret front. There is no spare road wheel bin on the left fender although it has the brackets for seven spare track links on the glacis, both introduced in June 1942.

Péter Kocsis Collection

Az alakulat egy másik vadonatúj Pz.Kpfw. IV Ausf. G harckocsija. A torony két oldalán és a torony frontpáncéljának jobb oldalán kialakított kinézőnyílásokat 1942 áprilisától már nem alkalmazták. A páncélost a trópusi álcaminták második változatával festették le, a jármű felületének kétharmadát RAL 8020 barna, egyharmadát RAL 7017 szürke fedi. A lövegcsövet ugyanakkor csak hőálló szürke lakkal fújták le.

Another of the units new Pz.Kpfw.IV Ausf.G. The turret side visors were dropped from production in April 1942 along with the right turret front. The vehicle is painted in the second two-tone tropical paint scheme of 2/3 braun RAL 8020 and 1/3 grau RAL 7017 although the gun barrel remains in its heat resistance grey lacquer finish.

Péter Kocsis Collection

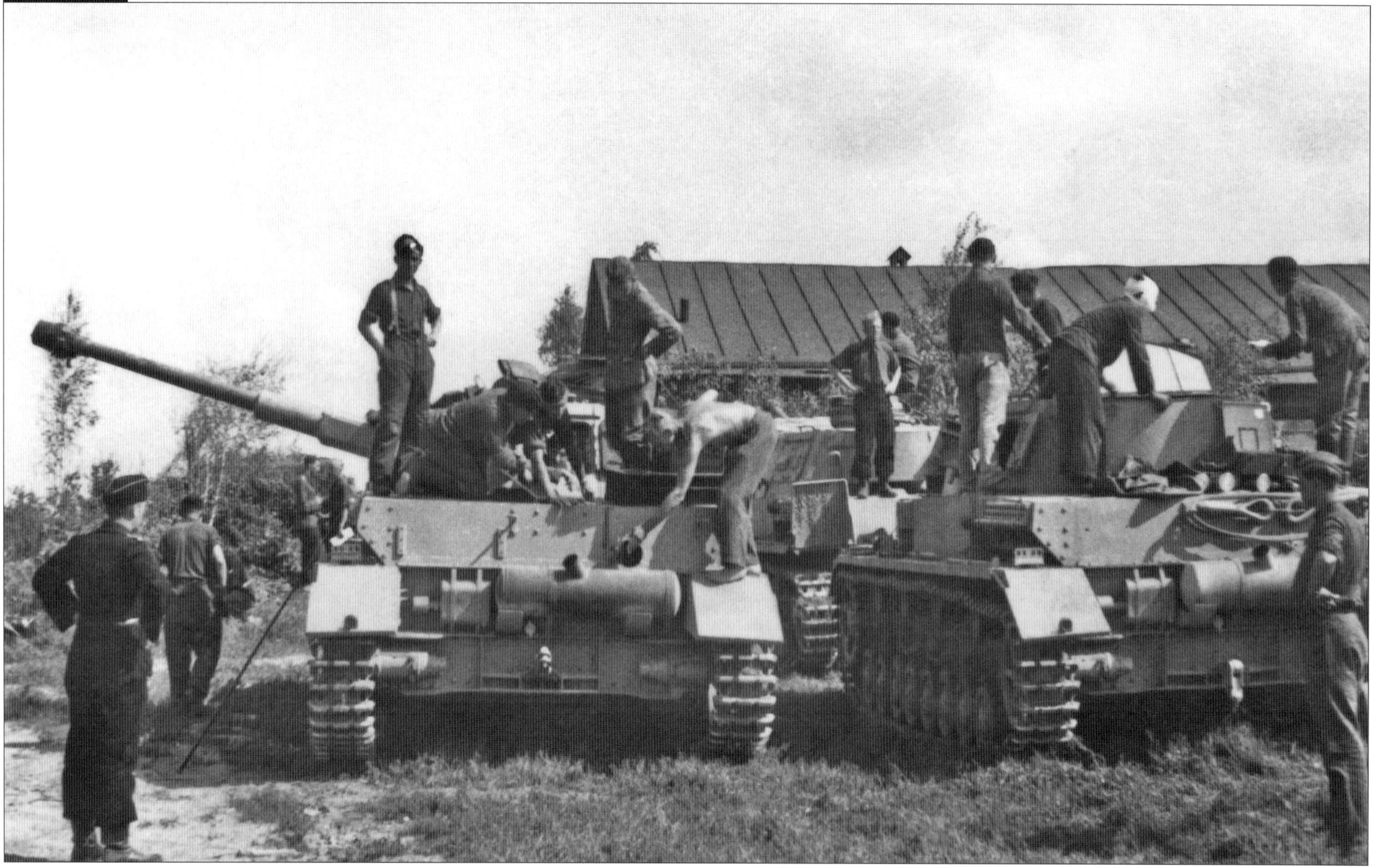

A harckocsizók ismerkednek három szintén gyári új Pz.Kpfw. IV Ausf. G-vel. A bal oldali páncélos hátlemezén még láthatók a füstgránátvetőket védő páncélburkolat rögzítőcsavarjai, amelyet még a Pz.Kpfw. IV Ausf. F-eken alkalmaztak. Mindegyik járművön a trópusi álcaminták második változata látható, de azonosító jelzéseket még egyikre sem festettek fel. Figyeljük meg a sérült, bekötözött fejű katonát a jobb oldalon!

Three more new Pz.Kpfw.IV Ausf.G getting familiarized by their crew men. The one on the left still has the mounting brackets for the armored cover on the Nebelkerzenabwurfvorrichtung (smoke grenade rack) on the rear plate that was installed on the Pz.Kpfw.IV Ausf.F. They are all painted in the second two-tone tropical paint scheme and as yet have no markings added. Note the heavily bandaged crewman on the right.

Péter Kocsis Collection

Különböző gyártási időszakokban készült Pz.Kpfw. IV Ausf. G-k. Hátul egy korai példány látható, amely még rendelkezik a torony oldalsó és mindkét első kinézőnyílásával. Az előtte álló páncélosról az oldalsó és jobb első nyílás már hiányzik, illetve a teknő frontpáncélzatának vízszintes elemén már megtalálható a tartalék lánctagok rögzítője, ami alapján 1942 júniusa után készült.

These Pz.Kpfw.IV Ausf.G have different features based on their date of manufacture. The early one in the back still has both visors on the front of the turret and those on the sides where the one in front is missing the right front turret visor and the ones on the turret sides. This, along with the spare track brackets on the glacis, indicate it was manufactured after June 1942.

Péter Kocsis Collection

Ezen a felvételen már az előző képről lemaradó, legelöl álló Pz.Kpfw. IV Ausf. G-t is szemügyre vehetjük és megfigyelhetjük a teknő és a felépítmény elejére hegesztett 30 mm-es kiegészítő páncélzatot. Ezt 1942 májusától kezdetben csak néhány páncélosra szerelték fel és fokozatosan növelték az így megerősített járművek számát, míg 1943 januárjától már minden új harckocsit elláttak vele. Úgy tűnik, hogy a legelöl álló páncélos lövegcsövét hőálló lakkbevonattal kezelték.

In this view, we can see the Pz.Kpfw.IV Ausf.G just out of the frame in the previous photo, showing it has the 30mm Zusatzpanzer welded to the hull and superstructure. This was added to production a few at a time beginning in May 1942 and gradually increasing the numbers until all new vehicles were fitted after January 1943. It appears that at least the first one has a heat resistant grey lacquered barrel.

Péter Kocsis Collection

Ismét egy téli javítóbázis, a háttérben egy fehér álcafestésű Pz.Kpfw. IV Ausf. G-vel. A 18. páncéloshadosztály jelzése a torony oldalán látható, noha a fénykép negatívjának sérülése miatt kissé hiányosan. A torony oldalsó kinézőnyílása alapján a páncélos valamikor 1942. március-áprilisában készült. Két Maybach motor farönkökre ültetve várja, hogy beszereljék őket a helyükre.

Another winter maintenance depot scene with a Pz.Kpfw.IV Ausf.G in winter whitewash camouflage paint. The tactical emblem for 18.Panzer-Division can be seen painted on the side of the turret, the bottom bar obscured by a flaw in the negative. The turret side visor can be seen dating production at sometime in March or April 1942. Two Maybach engines sit on wooden blocks waiting to be installed. Note the tire chains on the lorry at the right.

Ezt a Pz.Kpfw. IV Ausf. G-t az 1942-ben kifejezetten a keleti frontra tervezett téli lánctalppal (Winterkette) szerelték fel. A szélesebb lánctalp csökkentette a jármű fajlagos talajnyomását a mély hóban és javította a terepjáróképességét. A téli fehér álcázófestés gondosan körülöleli a harcászati jelzést és az azonosítószámot a torony oldalán és hátulján. Figyeljük meg a tároló doboz aljára csavarozott, fából készült lemezeket, amelyek az antennát védték a torony hátra fordításakor!

This winter whitewashed Pz.Kpfw.IV Ausf.G has been fitted with the wide Winterketten tracks developed in 1942 for use on the Russian front. The wider tracks helped lower the ground pressure of the vehicle in deep snow and improved mobility. The tactical emblem and tactical number have been painted on the side of the turret with the winter camouflage paint neatly applied around them. Note the wooden strip around the bottom of the turret stowage bin to prevent grounding the antenna when the turret was traversed.

Ezen a Pz.Kpfw. IV Ausf. G-n szintén a szélesebb téli lánctalp látható, még a páncélteknő frontlemezén is. A bal sárvédőn már látható a tartalék futógörgők tároló doboza, amelyet 1942 júniusától kezdtek el alkalmazni. A torony oldalára már a hadosztály új jelzését, egy pajzsba illesztett, kardot és pajzsot tartó lovagot festették fel.

This winter whitewashed Pz.Kpfw.IV Ausf.G is also fitted with the wide Winterketten tracks including the spare tracks in the front hull bracket. It has the spare road wheel bin on the left side that was fitted to those vehicles produced starting in June 1942. A new unit emblem has been painted on the side of the turret showing an image of a knight holding a sword in one hand and a shield in the other, inside the outline of a shield.

A SOROZAT EDDIG MEGJELENT KÖTETEI / AVAILABLE IN THIS SERIES

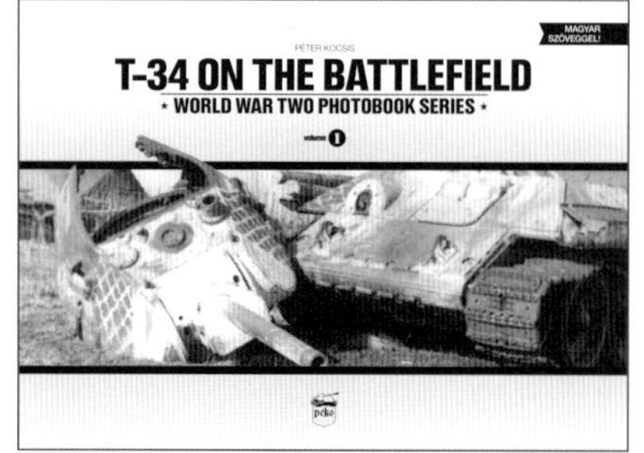

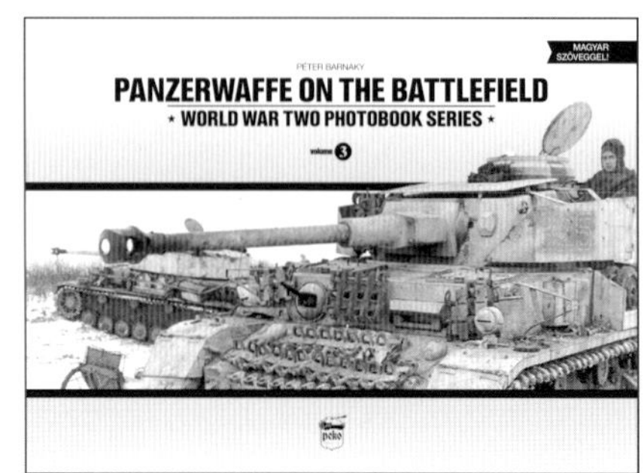

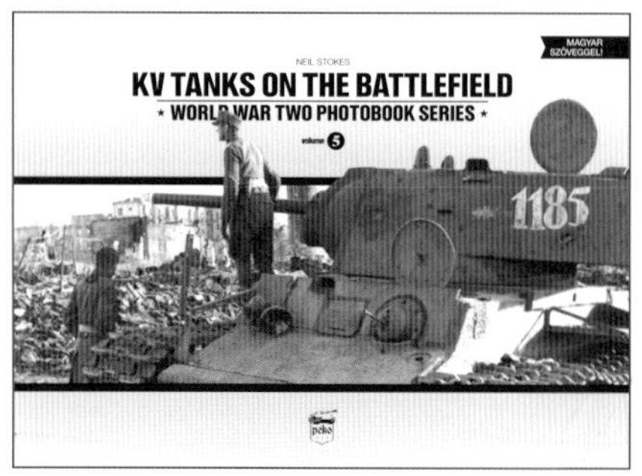

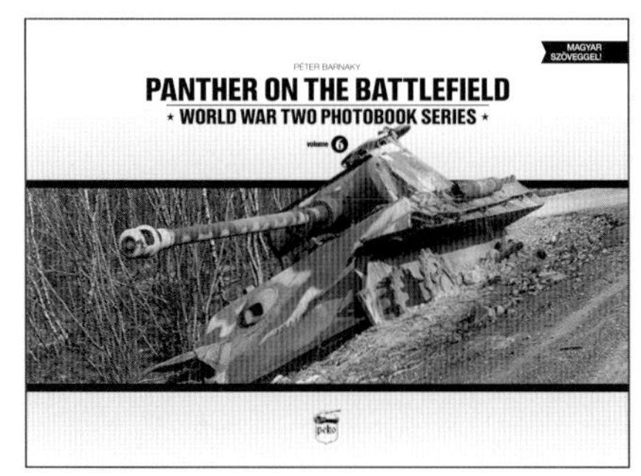

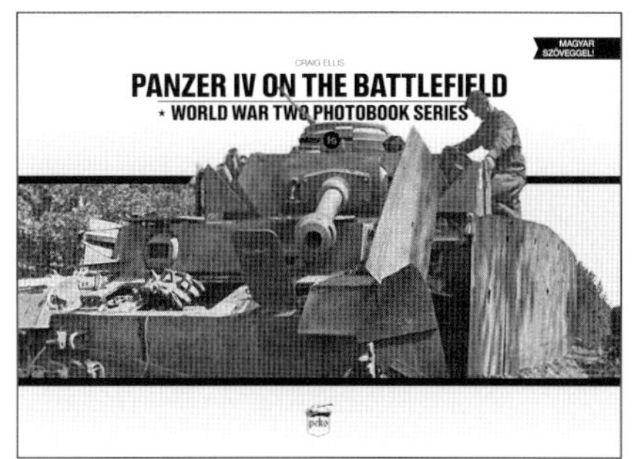
MAGYAR SZÖVEGGEL!
CRAIG ELLIS
PANZER IV ON THE BATTLEFIELD
• WORLD WAR TWO PHOTOBOOK SERIES •

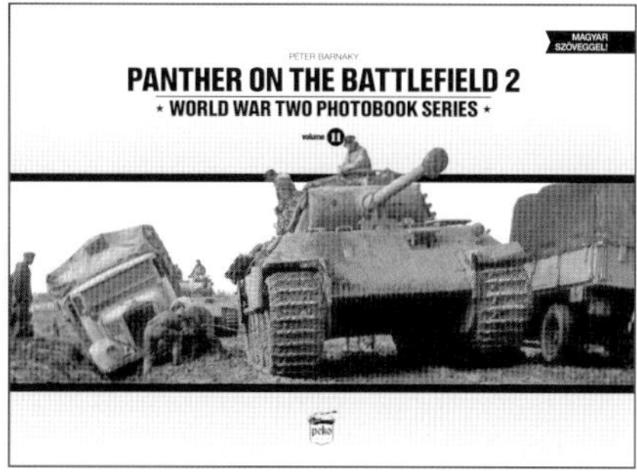
MAGYAR SZÖVEGGEL!
PETER BARNAKY
PANTHER ON THE BATTLEFIELD 2
• WORLD WAR TWO PHOTOBOOK SERIES •

MAGYAR SZÖVEGGEL!
NEIL STOKES
SU-76 ON THE BATTLEFIELD
• WORLD WAR TWO PHOTOBOOK SERIES •

MAGYAR SZÖVEGGEL!
MÁTYÁS PANCZÉL
STURMGESCHÜTZ III ON THE BATTLEFIELD 4
• WORLD WAR TWO PHOTOBOOK SERIES •

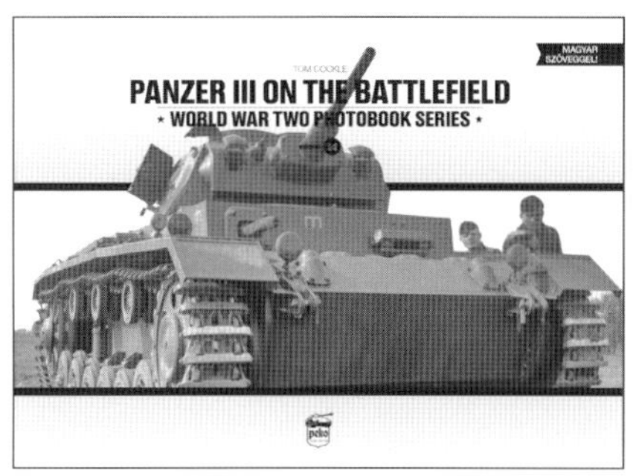
MAGYAR SZÖVEGGEL!
TOM COCKLE
PANZER III ON THE BATTLEFIELD
• WORLD WAR TWO PHOTOBOOK SERIES •

MAGYAR SZÖVEGGEL!
JON FEENSTRA
PANZERJÄGER ON THE BATTLEFIELD
• WORLD WAR TWO PHOTOBOOK SERIES •

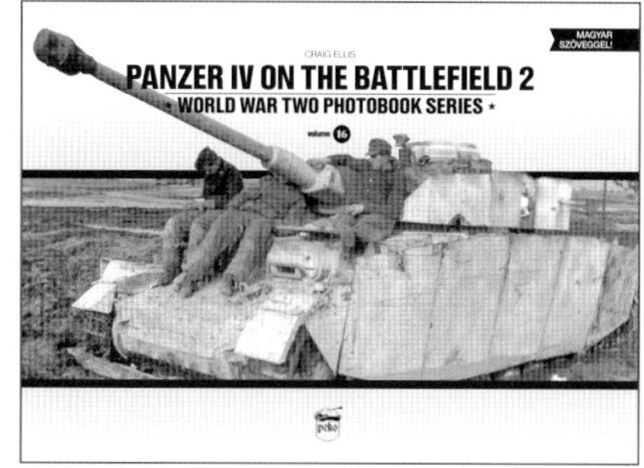
MAGYAR SZÖVEGGEL!
CRAIG ELLIS
PANZER IV ON THE BATTLEFIELD 2
• WORLD WAR TWO PHOTOBOOK SERIES •

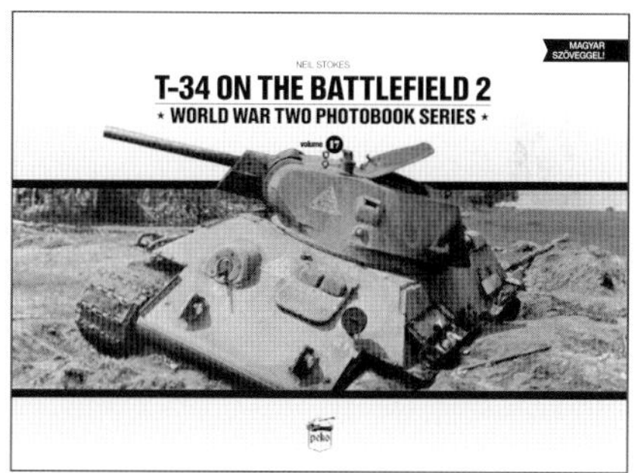
MAGYAR SZÖVEGGEL!
NEIL STOKES
T-34 ON THE BATTLEFIELD 2
• WORLD WAR TWO PHOTOBOOK SERIES •

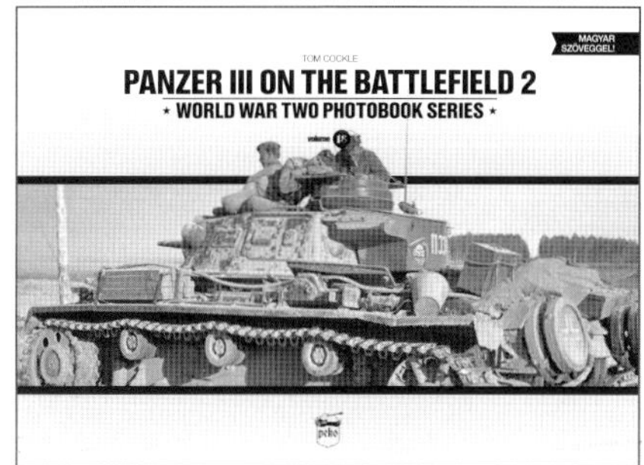
MAGYAR SZÖVEGGEL!
TOM COCKLE
PANZER III ON THE BATTLEFIELD 2
• WORLD WAR TWO PHOTOBOOK SERIES •

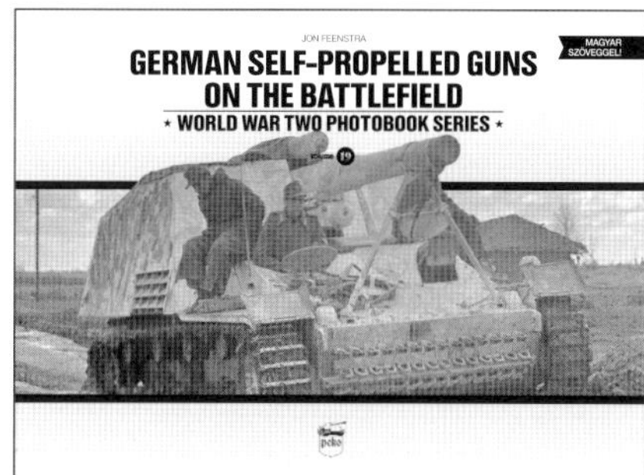
MAGYAR SZÖVEGGEL!
JON FEENSTRA
GERMAN SELF-PROPELLED GUNS ON THE BATTLEFIELD
• WORLD WAR TWO PHOTOBOOK SERIES •

MAGYAR SZÖVEGGEL!
MÁTYÁS PANCZÉL
STURMGESCHÜTZ III ON THE BATTLEFIELD 5
• WORLD WAR TWO PHOTOBOOK SERIES •

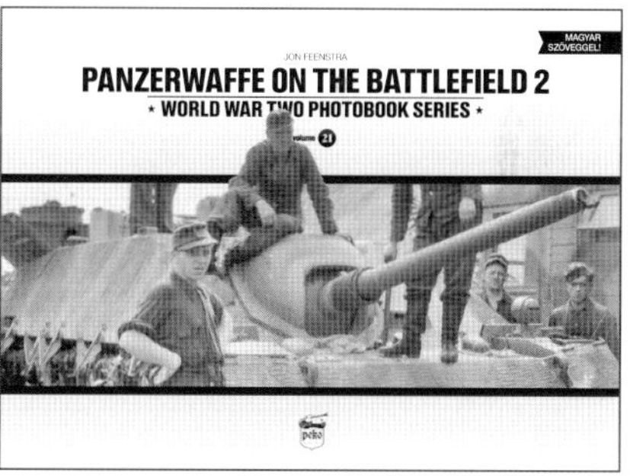
MAGYAR SZÖVEGGEL!
JON FEENSTRA
PANZERWAFFE ON THE BATTLEFIELD 2
• WORLD WAR TWO PHOTOBOOK SERIES •

MAGYAR SZÖVEGGEL!
TOM COCKLE
GERMAN SUPPORT VEHICLES ON THE BATTLEFIELD
• WORLD WAR TWO PHOTOBOOK SERIES •

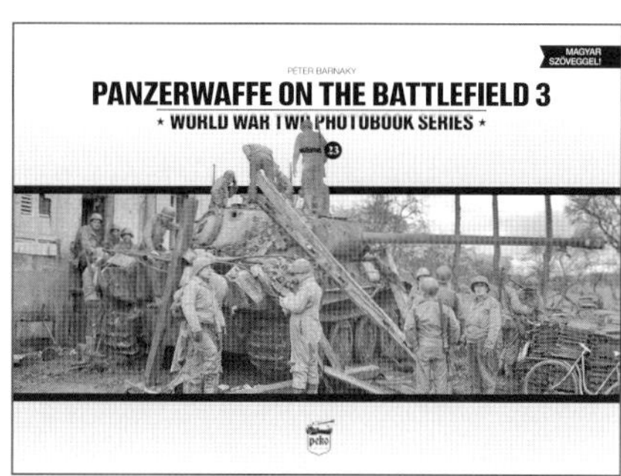
MAGYAR SZÖVEGGEL!
PETER BARNAKY
PANZERWAFFE ON THE BATTLEFIELD 3
• WORLD WAR TWO PHOTOBOOK SERIES •

MAGYAR SZÖVEGGEL!
TOM COCKLE
STURMGESCHÜTZ-ABT. 226 ON THE BATTLEFIELD
• WORLD WAR TWO PHOTOBOOK SERIES •

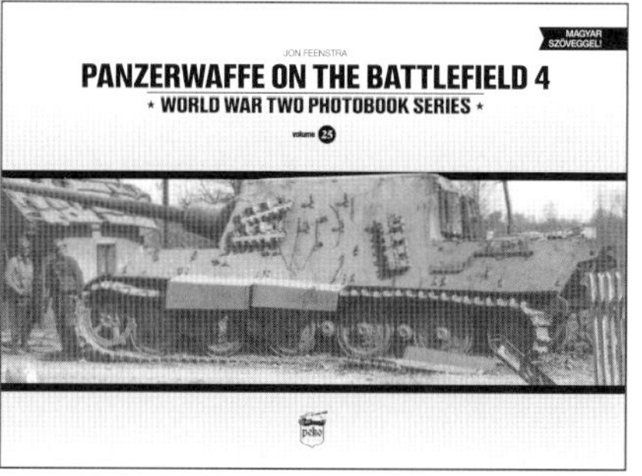
MAGYAR SZÖVEGGEL!
JON FEENSTRA
PANZERWAFFE ON THE BATTLEFIELD 4
• WORLD WAR TWO PHOTOBOOK SERIES •

NEW SERIES!

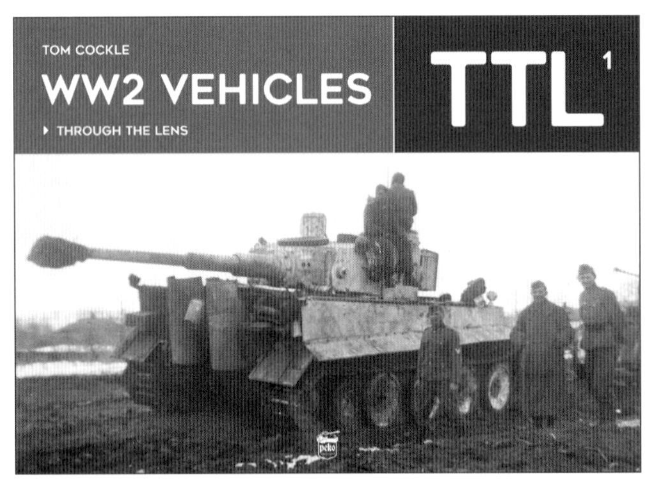
TOM COCKLE
WW2 VEHICLES
THROUGH THE LENS
TTL 1

JON FEENSTRA
WW2 VEHICLES
THROUGH THE LENS
TTL 2

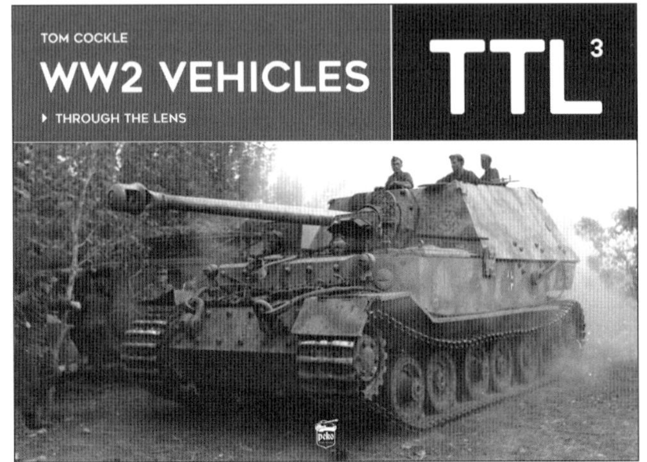
TOM COCKLE
WW2 VEHICLES
THROUGH THE LENS
TTL 3

JON FEENSTRA
WW2 VEHICLES
THROUGH THE LENS
TTL 4